万卷书蠹文丛

一生受用最是书

胡适的读书生活

王兆胜 著

北方联合出版传媒（集团）股份有限公司

万卷出版公司

© 王兆胜 2018

图书在版编目（CIP）数据

一生受用最是书：胡适的读书生活 / 王兆胜著. —
沈阳：万卷出版公司，2018.10
（万卷书蠹文丛）
ISBN 978-7-5470-5047-7

Ⅰ.①一… Ⅱ.①王… Ⅲ.①胡适（1891—1962）—
生平事迹 Ⅳ.①K825.4

中国版本图书馆CIP数据核字(2018)第188653号

出 品 人：刘一秀
出版发行：北方联合出版传媒（集团）股份有限公司
　　　　　万卷出版公司
　　　　　（地址：沈阳市和平区十一纬路25号　邮编：110003）
印 刷 者：天津旭丰源印刷有限公司
经 销 者：全国新华书店
幅面尺寸：145mm×210mm
字　　数：300千字
印　　张：12.125
出版时间：2018年10月第1版
印刷时间：2018年10月第1次印刷
责任编辑：胡　利
责任校对：高　辉
封面设计：范　娇
版式设计：张　莹
ISBN 978-7-5470-5047-7
定　　价：49.00元
联系电话：024-23284090
传　　真：024-23284448

青年时期的胡适

胡适旧照

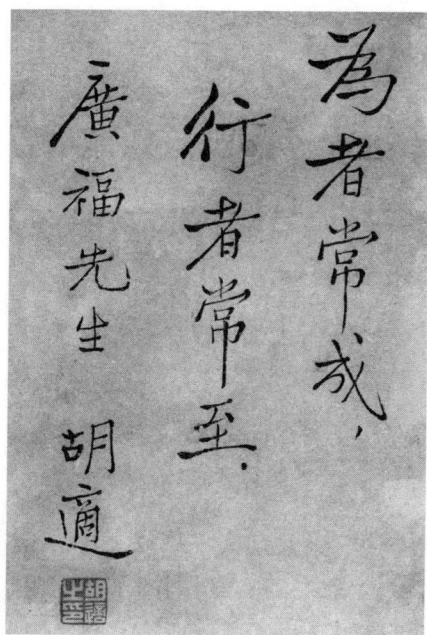

為者常成，

行者常至。

廣福先生　胡適

胡適书法作品

胡适1956年摄于纽约寓所

序

　　"书"的本义是"书写"，后来引申为"书写的文本"。早期的"书"是写在简、牍或丝帛上的，即所谓"书之竹帛"。"书之竹帛"是为了"传遗后世子孙"，向同时代的人或后人传递讯息。古往今来，书籍的载体已经由简帛转变为纸张乃至电子数据，而书籍所承载的，不外乎知识、记忆、情感与思想。

　　战国时代的惠施博学多闻，相传他的书（当时是写在简牍上的）足足装了五辆车，这便是"学富五车"的来历。书是文化的载体，也是知识的载体，人类文明之所以能代代相传，知识之所以能不断累积，很大程度上靠的是书籍的力量。书籍是学问的代名词，饱读诗书者，也便是硕学之士。

　　与印度等古代文明不同，我们的祖先历来注重历史的记录，形成了以二十四史为核心的记史传统。中华文明之所以绵延不绝，在世界文明之林中独树一帜，一个重要原因便是汉字的连续发展以及以此为基础的记忆传承。而历史记忆的作用，正在于明得失、知兴替。

在书籍中，我们同样能看到一个个鲜活的人。他们的喜怒哀乐转化为文字，千百年后仍有震撼人心的力量，引发我们的共鸣。即便是典正古雅的"诗三百"，同样能窥见先人的悲喜。唐诗宋词，无不是情感的流露。这些文字汇聚起来，又能激荡起时代的脉动与情绪。

"书"最初偏重于实用性较强的文体，《尚书》之"书"本来是公文。但《尚书》之所以被人世代传诵，根本原因在于其思想性。从先秦诸子到近代新文化先驱，他们前赴后继，高擎思想的火炬，点燃民族的奋进之路。

中华民族历来敬畏知识、记忆、情感与思想，也便敬畏书。敬畏书，也便好读书，并敬重好读书的人。书籍对于我们来说，并不是一种简单的物品，而是蕴涵着宇宙、人生之道，记载着我们的过去、现在并描绘着将来，展示了社会、生活和个体生命情感的无限丰富性，承载着人类的精神文化创造的灵性之物。因此，在很大程度上，我们更愿意将书看作是一种生命的延续，一种使生命达到不朽的途径。

书是用来读的。没有阅读，书的意义便不复存在，或者至少其意义要大打折扣。明人于谦曾经作过一首《观书》诗：

书卷多情似故人，晨昏忧乐每相亲。

眼前直下三千字，胸次全无一点尘。

活水源流随处满，东风花柳逐时新。

金鞍玉勒寻芳客，未信我庐别有春。

在读书人的眼中，书卷无异于多情的故人。有书卷陪伴，无论快乐的还是忧伤的光阴都可以安然度过；有书卷存在，可以使屋舍生辉，心生欢喜；有书卷在胸，内心得以充盈，思想得以绽放。读书人泛舟书海，博览群籍，好读书，读好书，会读书，刻意用功，发愤图强，乐而忘苦，终生与书本相伴。他们读书、藏书、抄书、著书，思于书，劳于书，苦于书，乐于书，正所谓"衣带渐宽终不悔，为伊消得人憔悴"。读书丰富了他们的知识，提升了他们的人格，陪伴他们走过了自己的生命之旅，帮助他们成就了人生的事业。更有那勤学敏思、才胆识力卓出者，于"灯火阑珊处"发现了宇宙之道，参悟了天人之义，建构起了自己的思想和价值情感世界，因而著书立说，以其一家之言而泽被后来的读书人。

读书造就了一代又一代的圣哲通儒、仁人志士、学术大师、文章大家，远者不说，仅我国近、现代以来读书人中所产生的伟人志士、大师名家就可以开列出一个长长的单子，他们犹如璀璨的繁星，照亮着20世纪以来中国思想、文化的夜空。他们身处社会剧变、民族危亡、文化转型的历史关头，于是将自己的事业与民族、国家的命运紧紧地联系在一起，或者投身于炽热的社会现实斗争之中，以笔为枪、以纸为旗，用自己的学识为中华民族的振兴、社会的发展进步和新思想、新文化的诞生与发展做出卓著的贡献；或者埋首于中外浩如烟海的典籍之中，在学术文化领域辛勤耕耘，默默地奉献着自己的才智，以其丰硕的研究或创作成果维系和延伸着中华民族的学脉、文脉，从而推动了现代以来中国学术文化事业的发展。无论属于何种情况，他们都是在为民族和国家的救亡与启蒙、解放与振兴以及学术文化的发展兴盛写心立言。在他们身上，"经世致用"这一中国知识分子读书治学的优良传统得到了充分的体现。

摆在我们面前的这套丛书，便是一组读书人的文化群像。他们包括王国维、梁启超、陈寅恪、吴宓、鲁迅、胡适、林语堂、郭沫若、钱钟书这些时代巨子。他们好读书，勤著书，为传承、发展我们民族的文化奉献一生，是中华民族的文化精英与楷模。了解他们的读书生活，知道他们读书生活中的点点滴滴，与阅读他们的著作一样，照样可以走进他们的思想、精神、情感世界之深处。因此，这套丛书选取"读书生活"这一特定的角度，通过叙述这些名家大师如何读书、写书、购书、藏书、爱书，以及介绍他们的家学渊源、师承关系、访学交游、讲学课徒等侧面，来展现他们的读书方法、治学特点以及事业成就。对于这些巨匠的读书生活，我们得以有更直观、深切的感受。

在写作风格方面，本丛书则尽量追求实录性和情境化，着重围绕这些现代学术文化史上的巨匠们在读书生活中所发生的种种趣闻美谈、掌故逸事，以见出他们的人生志向、精神境界和生活风貌。这些文化巨匠的读书治学、人生经历和事业成就本身，也无不反映出近现代以来中国思想、文化、学术曲曲折折的发展道路和复杂多变的特点，从中可以寻绎出现代中国思想、文化、学术形成和发展的脉络与经验。因此，介绍这些名家大师的读书生活，实际上也就是对20世纪中国思想、文化和学术史进行一种特定层面、特定角度和特定方式的描述；了解这些名家大师的读书生活，在一定程度上也就是对20世纪中国思想、文化和学术风云变幻历史的一次回顾与反思。

这些名家大师的读书方法、思想方式、治学特点，以及他们的人生追求、理想目标、生活情趣和精神境界，作为一种参照系统和历史经验借鉴，对于今天和未来的热爱知识与学问，热爱书籍，从而有志于读书、治学的读者朋友而言，无疑是大有裨益的。在强调"全民阅读"的今天，读什么书、如何读书仍是大家所关注的话题，互联网文化的扩张和智能手机自媒体的广泛应用，虽然给人们获取信息提供了诸多便利与更多的选择，但是同时又导致了阅读的浅表化、碎片化、快餐化，从而给读书带来了巨大的冲击，尤其是在阅读经典、经典化阅读方面，所受到的影响更加严重。有些人说现在的社会太浮躁，很少有人会静下心来读书。我们何尝不能说，正是因为读书太少，有些人的心不复宁静？腹有诗书，内心自会充盈，也自会以更自信的心境审视周遭的世界。正是从这些名家大师的身上，从这套丛书中所展示的文化大家的读书生活中，我们或许能获得诸多人生的教益，能找到自己想要的关于生命价值何在的答案。

本丛书采撷那些在读书治学方面堪称斫轮巨匠的名家大师们在书海中泛舟的点点帆影，来再现他们的神采风姿，以此奉献给读者，并且希望它们能陪伴读者朋友们度过一段快乐的读书时光。如果这一初衷能够实现，对于我们来说则是再幸运不过的事情了。

党圣元

2018 年 9 月于北京

目 录

序/党圣元   1

承父遗命   1

寡母课子   5

一本"破书"   9

一个无鬼无神的人   15

梅溪学堂高才生   20

先锋《时报》   24

"我最爱读这篇文章"   28

"适"者生存   32

古诗和脚气病有缘   36

秉烛夜抄《革命军》   41

几乎成了基督徒　　　　　　　44

鄙夷培根　　　　　　　　　　46

"此邦之藏书楼无地无之"　　49

"吾有书癖"　　　　　　　　54

主持"读书会"　　　　　　　57

辨伪《李鸿章自传》　　　　61

"开口慢半拍"　　　　　　　63

勃朗宁与乐观主义　　　　　　65

韦女士荐书　　　　　　　　　67

读《狱中七日记》　　　　　　71

读书自课　　　　　　　　　　73

师从杜威　　　　　　　　　　77

夏德教授慷慨借书　　　　　　81

读词偶得　　　　　　　　　　83

东西传记文学之差异　　　　　89

中国古代亦有"白话诗"　　　93

从中国选取"两册书"　　　　98

读厄克登给媚利的书信集　　　100

"我几乎要羞死了"　　　　　　　103

与钱玄同辩论中国旧小说　　　　106

易卜生主义　　　　　　　　　　109

最值一读的自传　　　　　　　　113

《中国哲学史大纲》出版　　　　117

读《孙文学说》　　　　　　　　122

自评《尝试集》　　　　　　　　124

拒为《白话诗研究集》捧场　　　130

单不广送书　　　　　　　　　　134

一份国学书目　　　　　　　　　136

天津访书记　　　　　　　　　　142

奇书《弘道书》　　　　　　　　145

"悬赏征书"　　　　　　　　　148

不朽的《读书杂志》　　　　　　151

三日两本奇书　　　　　　　　　153

病中喜读《越缦堂日记》　　　　157

《楚辞》新见　　　　　　　　　161

一首歌谣　　　　　　　　　　　165

通俗历史教科书《三国演义》　　169

为章实斋做《年谱》　　172

"对话"王国维　　176

中国第一部女权主义小说　　179

侄辈诗人　　183

王莽改制评考　　188

勘察"欧阳修案"始末　　190

"精""博"双修　　194

风景小说《老残游记》　　198

《三侠五义》"人话化"　　202

"只是一种休闲的文学"　　205

偶得珍本《文木山房集》　　208

叫好《海上花列传》　　211

为容庚考证版本　　217

喜得"甲戌本"《红楼梦》　　222

三百年的女作家集　　225

纸短情长　　229

一本书引出的"奇案"　　232

神会和尚遗著"寻访记"   235

《水浒传》版本   241

《北史》新得   244

司马迁为商人辩护   250

《王小航先生文存》的意义   253

与徐志摩联手研究《醒世姻缘传》   256

《四游记》和《西游记》   261

"我不是藏书家"   264

读书"三好"   271

"今日"学生还不配读经   275

严厉督责罗尔纲   278

介绍《人与医学》   283

章希吕谈胡适的书   286

叔侄信中谈书   292

与马君武"相得"与"疏离"   297

"每天一首诗"   302

访求程廷祚著作   305

明清传奇优秀选本《缀白裘》   309

话柄杂记小说《官场现形记》 313

考证《水经注》 317

纽约读书记 320

读《傅孟真先生遗著》 325

捐书留香 329

"宁鸣而死，不默而生" 331

读《明清名贤百家书札真迹》 333

红学大师 335

十个饼子四种书 339

视若珍宝《基度山恩仇记》 341

珍本书 343

读书的兴趣与耐心 350

对中国现代著名作家的评说 353

与《胡铁花遗稿》相依为命 360

胡适的生日与"书" 363

主要参考文献 366

后　记/王兆胜 368

承父遗命

如果说世间有什么可称之为宝贵财富的话，那么，"书"就是其中之一。中国古人说："书中自有千钟粟，书中自有黄金屋，书中自有颜如玉。"中国古人还说："万般皆下品，唯有读书高。"所以，长期以来，读书在中国人心目中有着举足轻重的地位。也正因此，在传统的中国，父母往往都千方百计让孩子读书，希望能有机会金榜题名，光宗耀祖。

一般说来，中国的家庭渊源对子女的职业选择关系重大。胡适出生在一个商人家庭，胡家历代以经营茶叶为生，按一般情况，胡适很可能继承家业，经商赚钱。但由于父亲的影响和遗命，胡适后来没有走上从商之路，而是读书育人和研究学术。

胡适的父亲胡传与家中兄弟不同，很小的时候就表现出读书的才能。据说，胡传十一岁在私塾里读书，因为听到老师给大孩子讲《论语·乡党》，回家竟能复述，这件事使家人颇为吃惊。当父亲让胡传子承父业经商时，胡传的伯父坚持要胡传读书。虽然后来胡传在科举上并不如意，但他还是成绩斐然，著述颇多。有人评他，"先生治朴学，工吟咏，性乐易，无城府。兴至陈说古今，议论蠡涌，一坐皆倾"①。胡适自己也说："我父胡珊（父亲的另一名字，笔者注），是一位学者，也是一个有坚强意志，有治理才干的人。"②如果比较一下胡适与父亲的特殊才能和读书爱好，我们会发现二人有继承性。胡颂平曾说："有了铁花公（即胡传，笔者注）的异禀与遗传，才有以后适之先生的大成就。"③

对胡适人生道路起最大作用的还是父亲的言传身教和遗命。胡适还不满三岁，父亲就开始有意培养他，亲自教他识字，很快胡适就能识七百多个字。不仅如此，父亲还给胡适亲自抄写了一本四言韵文书《学为人诗》，这是一本让人如何做人的书。书中开头几句是："为人之道，在率其性。子臣弟友，循理之正；谨乎庸言，勉乎庸行；以学为

---

① 胡明：《胡适传论》，人民文学出版社1996年版，第33页。
② 胡适：《我的信仰》。
③ 胡颂平：《胡适之先生年谱长编初稿》。

人，以期作圣。"书的后面写道："五常之中，不幸有变，名分攸关，不容稍紊。义之所在，身可以殉。求仁得仁，无所尤怨。古之学者，察于人伦，因亲及亲，九族克敦；因爱推爱，万物同仁。能尽其性，斯为圣人。经籍所载，师儒所述，为人之道，非有他术；穷理致知，返躬践实，黾勉于学，守道勿失。"真正决定胡适生活道路的还是父亲的遗言。胡适后来回忆，父亲"给我母亲的遗嘱上说穈儿（我的名字叫嗣穈，穈字音门）天资颇聪明，应该令他读书。给我的遗嘱也教我努力读书上进。这寥寥几句话在我的一生很有重大的影响"[①]。

可以说，胡适开蒙是比较早的，而父亲死时胡适很小，仅三岁零八个月。此时，胡适还不能说对父亲有多深的印象，更难体会父亲的一片挚爱与殷殷期盼，但父亲的威严与呵护在胡适幼小的心灵中还是有留下印象的，尤其父亲的著作与遗命给了胡适一生的影响，成为他的护身符与座右铭。对胡适来说，"读书"已不仅仅是职业的选择，它变为一道命令、一个意象镶进了记忆的最深处，这成为胡适一生书不离身、手不释卷的重要原因和内在根据。

也许，胡适的父亲也离不开"读书可做人上人"等传统观念的影响，但与常人不同，胡传心胸广大，人格高尚，才

---

① 胡适：《九年的家乡教育》。

华横溢，他对书有着深厚的感情。从此意义上说，胡适的读书也就有了较高的立足点，胡适的读书才有可能顺着致学、致知、致用和为国、为民、为人的思路走下去。

从父亲开蒙和遗命开始，胡适即与书结下了情缘，这一读书缘分贯穿胡适的一生。夸张一点儿也可以说，书是胡适的整个世界，在书的海洋里胡适畅游一生，书已成为胡适精神与生命的源泉。

寡母课子

　　《红楼梦》中有一幅动人的画面，那就是"李纨课子"。孤儿寡母是人世间最令人伤感的一幅图景，而这在大家庭中更显悲凉与凄惨。当胡适的父亲撒手人寰，留下二十三岁的妻子和不满四岁的儿子，也留下让胡适读书的遗命时，这实际上就设计了一幅鲜明的"课子图"。为了遵从夫命，也为了让儿子长大成人，不辜负其父对他的希望，胡适的母亲开始了艰难的人生旅程：督促儿子读书、求学、上进。

　　父亲去世后，母亲就把胡适送到学堂里念书。每天早晨，天还很早，胡适就被母亲叫起来。母亲上的第一课就是让胡适反省昨天的过失，接下来是强调父亲让他好好读书的遗嘱和让他以父亲为榜样之类的话。别的学生每年只交两元学费，而母亲给教师十元至十二元，目的是希望老师对胡适严格要求，并请老师给儿子逐句逐字地讲解。另外，母亲对胡适平时的要求也相当严格，一旦犯了错误就严加惩罚。等到胡适十四岁时，母亲就下定决心让儿子到上海读书。给儿子送行时，母亲竟"装出很高兴的样子，不曾掉一滴眼泪"。后来，胡适要到美国留学，因时间关系竟未能回家与母亲话别。在胡适留学期间，母亲重病，为了不耽误儿子的学业，母亲照了照片，让人收好，并嘱咐家人说，一旦她死后，继续给胡适写信，先不要让胡适知道，等胡适学成回来，再把照片拿给胡适，见到照片如见母亲本人。后来，胡适母亲病愈，但她这种坚定与决断真是大丈夫也难为！胡适母亲只活了四十六年，在她心目中只有丈夫与儿子二人，然而与丈夫共同生活仅六年多，而与儿子在一起也不过十三年。在母亲的心目中，儿子的读书高于一切，哪怕再孤独再寂寞她也能忍受，而思念的泪水也只能强咽到肚子里。

表面看来，母亲是严格的，甚至有些残酷，然而，在母亲的内心却有另一番情景：儿子成为母亲唯一的希望与寄托。如果把儿子比成一只风筝，那么，母亲则是放飞风筝的人。随着风筝越飞越高，也越飞越远，母亲的心就全部悬了起来。母亲最担心也最害怕的是，如果风再大，手中的丝线会被拉断，就失去了儿子。其实，胡适也知道母亲那颗心。胡适曾在日记中写道，在他留学期间，家中经济十分困难，母亲往往靠典当首饰过年。但当母亲听说守焕家有一部儿子喜欢的《古今图书集成》要卖，她竟然借钱八十元买下这部书不禁感伤道："吾母遭此窘态，犹处处为儿子设想如此"。①最使胡适永生难忘的是这样一件事：有一年，因胡适顽皮而被母亲责罚，胡适哭着用手擦眼泪，以致病毒感染，害了眼疾。胡适写道："后来足足害了一年多的眼翳病。医来医去，总医不好。我母亲心里又悔又急，听说眼翳可以用舌头舔去，有一夜她把我叫醒，她真用舌头舔我的病眼。这是我的严师，我的慈母。"②如此爱子心肠怎能不令人感动？胡适也深知母亲用心之良苦，所以发愤读书，从不间断。在1916年6月6日的日记中，胡适曾说："叔永为吾摄一室中读书图。图成，极惬余意，已以一帧寄吾母矣。"胡适之所以如此，一是表明自己对书的爱好，二是宽慰母亲之心。他知道母亲最大的心愿是他能好好读书，学成回国。

　　胡适一生读书不辍，很大程度得之于母亲的督责，从童年的严格要求，到少年和青年的送子远行，每一段岁月中都留下母亲深深的寄托与感情印痕。如果没有母亲，胡适很可能不会与书有那么深的关联，也可能不会嗜书如命，对书情有独钟。

　　母亲不仅是胡适的第一个人生启蒙老师，而且是胡适与

---

① 《胡适日记》，1914年3月12日。
② 胡适：《九年的家乡教育》。

书结缘的最重要的带路人。

胡适一生得益于书处甚多，其最大功劳主要应归功于自己的寡母。遗憾的是，正当胡适学成回国，准备好好孝敬母亲时，母亲却与世长辞了。更遗憾的是，当得知母亲病重的消息，胡适千里迢迢赶回家时，母亲竟已离开了人世。1918年12月22日，胡适在《每周评论》上发表了《十二月一日奔丧到家》一诗，现录下来，可见他对母亲的深情：

> 往日归来，才望见竹竿尖，才望见吾村，便心头狂跳，遥知前面，老亲望我，含泪相迎。
>
> "来了？好呀！"——别无他话，说尽心头欢喜悲酸无限情。
>
> 偷回首，揩干泪眼，招呼茶饭，款待归人。
>
> 今朝——
>
> 依旧竹竿尖，依旧溪桥，——
>
> 只少了我心头狂跳！——
>
> 何消说一世的深恩未报！
>
> 何消说十年来的家庭梦想，都一一云散烟消！——
>
> 只今日到家时，更何处能寻他那一声"好呀！来了！"

一本"破书"

　　胡适开始读书时的基础不错，所以不需要像一般孩子那样先读"破蒙"的书如《三字经》《千字文》《百家姓》等。胡适读的第一本书是父亲编的《学为人诗》，第二本书也是父亲编的《原学》，第三本书是不知谁编选的《律诗六钞》。接着胡适又读了一系列的古书，像《孝经》《小学》《论语》《孟子》《大学》《中庸》《诗经》《易经》《礼记》等。与一般孩子的厌学不同，胡适还是乐于读这些书的。只是由于这些书内容的复杂、形式的晦涩，再加上与孩子接受能力之间的距离，胡适并不是真正喜爱它们。胡适在谈到这些书时没有表示过他的喜爱之情，其叙述语气有时显得漫不经心。当胡适读这些书时，我们常常眼前出现这么一个形象：一个老成的小学生早早起来接受晨训，而后背上书包最早一个到学堂，认真听、读和写。放学了，孩子们都回去了，而胡适仍一个人看书直到很晚才回家。这是一个没有多少欢乐也没有多少爱好的孩子，这是一个过于认真、身体单薄的孩子。难怪当时人们都叫胡适"糜先生"。

虽然这些书为胡适的国学功底打下了坚实的基础，并成为胡适一生受益无穷的背景，但我认为，假如仅此而已，那么，胡适与那些从旧私塾里出来，只知摇头晃脑背书，只能做八股文的人又会有多大不同呢？真正打开胡适心灵世界的还是一次奇遇。

那是在胡适九岁那年，有一天，胡适跑到四叔（四叔即他的教书先生）家的一间小屋里，发现桌子下面有一个箱子，而从这箱子的废纸里露出一本破书。出于好奇，胡适拣出这本书。这是一本被老鼠咬坏、残缺不全的书，它的名字叫《第五才子书》。它一开始就是"李逵打死殷天锡"，因为胡适从戏里知道李逵其人，所以就站着往下看，想不到越看越有兴致，竟一口气读完了。只是这本书没能让胡适过瘾，因为这个残本前面和后面说的什么胡适无从知道。尽管如此，此书还是打开了胡适的内心世界，一个封闭、平静、墨守成规的世界就这样被打破了。胡适曾说过这个残本对他的意义，"这一本破书忽然为我开辟了一个新天地，忽然在我的儿童生活史上打开了一个新鲜的世界"①。

心中像被小猫抓咬一般，自从看了那本书，胡适总感到像是失去了什么。他到处寻找这本书，最后好容易才让人帮忙借到。此时，胡适看完了《三国演义》（《第一才子书》）和《水浒传》（《第五才子书》），他读小说的兴趣开始浓郁起来。

自此以后，胡适开始到处向人借小说看，此时期他看过的小说包括《七剑十三侠》《正德皇帝下江南》《双珠凤》《红楼梦》《儒林外史》《聊斋志异》《琵琶记》《夜雨秋灯录》《兰苕馆外史》《寄园寄所寄》《虞初新志》等。在这一段时间里，有一个人值得一提，他对胡适的读书起到很大作用，他就是胡适的族叔近仁。胡适曾这样写道：

"我同他不同学堂，但常常相见，成了最要好的朋友。他天赋很高，也肯用功，读书比我多，家里也颇有藏书。他看过的小说，常借给我看。我借到的小说，也常借给他看。我们两人各有一个小手折，把看过的小说都记在上面，时时交换比较，看谁看的书多。这两个折子后来都不见，但我记得离开家乡时，我的折子上好像已有了三十多部小说了。"②值得注意的是，二哥有一次回家带来了一本外国小说《经国美谈》，是日本人写的，内容说的是希腊爱国志士的故事。胡

---

① 胡适：《胡适自传》，黄伯言选编，黄山书社1986年版。
② 《胡适自传》。

适自己说，"这是我读外国小说的第一步"①。显然，这本爱国书对胡适后来的爱国思想有不可忽视的影响。

胡适终其一生偏爱小说，古今中外无所不读，这不能不说与此时培养起来的读书兴趣有关。童年时那本"破书"打开了胡适的"兴趣"之门，从此胡适就一直在小说的海洋里遨游。小说的世界充满神奇、冲突和活灵活现的各式人物，甚至有无尽的血泪与悲歌。世俗生活的艰难、情感世界的压抑、多余的旺盛精力以及伟大的抱负和理想都在小说的世界中被熨平了。胡适人生的许多方面如白话文启蒙运动的倡导、对文学很高的审美情趣、乐于助人好义施为的性格都与读小说有着密切的关系。

胡适曾认识到白话小说的作用，"这一大类都是白话小说，我在不知不觉之中得了不少的白话散文训练，在十几年后于我很有用处"。胡适还表示，"看小说还有一桩绝大的好处，就是帮助我把文字弄通顺了"②。这样，我们就容易理解为什么胡适那么积极地提倡白话，又是那么重视诗的文字清通。胡适本人也有所证明，"《周颂》《尚书》《周易》等书都是不能帮助我作通顺文字的。但小说书却给了我绝大的帮助"③。1916年3月6日胡适在日记中说："后来之文学观念未必非小说之功。"1958年胡适还说过，"全中国

---

①②③《胡适自传》。

凡是进过学堂的人，凡是受过教育的人，凡是认得一千字或两千字的人，只要瞒住了教师，瞒住了父母，半夜里偷看小说，把小说瞧得得意忘形而发疯，这般人都得了一个工具，一个文学的工具，一个语言的工具，将来都可能成为国语文学的作家"[1]。由此可见，在胡适看来，小说对他的影响实在不小。当然，之所以胡适能从读《三国演义》和《水浒传》一下过渡到《虞初新志》，关键是书中的趣味，胡适自己也曾提到此点。趣味就如同暗夜中明亮的灯火，总是引导你不断地向前。

胡适读小说还有一个收获，就是给本家的姐妹讲故事。在讲书的时候，胡适收获很大，一是可以得到姐姐们做的蛋炒饭和绣花鞋；二是增强了自信心与自豪感，因为想不到读小说还有如此大的作用；三是提高古文的表现力，因为读小说时其中的古文一知半解，而经过讲解则都将其意思化开了。对这一点胡适后来回忆说："这样的讲书，逼着我把古文的故事翻译成绩溪土话，使我更了解古文的文理。所以我到十四岁来上海开始作古文时，就能做很像样的文字了。"[2]

应该指出的是，小说在给胡适积极影响的同时，也带来了不少副作用。胡适自己曾表示，小说"教我们人生，好

---

[1] 胡适：《中国文艺复兴运动》。
[2] 《胡适自传》。

的也教，坏的也教"①。至于小说给胡适造成的坏影响，胡适本人也直言不讳，认为有两个方面。一是淫书的毒不浅，像《肉蒲团》。有的学者认为，他读过的淫书可能还不止《肉蒲团》，毕竟胡适自己也说他读过的四五十种小说大大超过小手折上的三十多部，"莫非正是'多淫书'所'多'的"②。这一说法如果能成立，胡适童年读的淫秽小说还真不少。否则，一本《肉蒲团》怎么能给胡适那么深重的影响，使其有痛心疾首之慨？造成这一现象的原因，胡适认为与家人禁止读小说有关，如果当时不把小说视为禁物，而给孩子做一下选择，那么，淫书之不良影响当可避免了。二是夜里偷读小说，灯暗字小，眼睛受到极大的损害。胡适一生深受眼疾之扰，除了童年时受过一次感染，与他耽于小说，尤其喜欢夜读小说的习惯不无关系。

---

① 胡适：《我的信仰》。
② 胡明：《胡适传论》（上），第99页。

一个无鬼无神的人

　　胡适的父亲和胡适的四叔都是不信鬼神的，所以那时候，胡适家里的大门上总贴着一张"僧道无缘"的条子。但是父亲死后，四叔又出门做官了，胡适家里就渐渐开始信鬼信神了。这主要是家里的女眷们在"兴风作浪"。女眷的领袖人物是胡适的星五伯娘，她到了晚年吃长斋，拜佛念经，真是虔诚之至，谁也劝不住她。另外，还有二哥的岳母，她住在胡家，捧着《玉历钞传》《妙庄王经》，常常给人讲经中的故事。胡适将这些书都读过了，也听过她讲的各种故事。胡适的母亲也信佛，常常拜佛拜神，她还让星五伯娘带胡适去观音菩萨庙里烧香拜佛。另外，母亲还让胡适每天拜孔子，胡适自己还为孔子做了小神庙。胡适说，那时年幼无知，又生活在信鬼信神的家庭气氛之中，所以，一个幼小的心灵受到很大的感染，"我把她（二哥的岳母，笔者注）带来的书都看了，又在戏台上看了《观音娘娘出家》全本连台戏，所以脑子里装满了地狱的惨酷景象"。"放焰口的和尚陈设在祭坛上的十殿阎王的画像，和十八层地狱的种种牛头马面用钢叉把罪人叉上刀山，叉下油锅，抛下奈何桥下去喂饿狗毒蛇，——这种种惨状也都呈现在我眼前"[①]。

　　有一天，胡适在读朱子的《小学》，当念到司马温公的家训时，有这样的话："形既朽灭，神亦飘散，虽有锉烧舂磨，亦无所施。"胡适把这话重读了几遍，当他明白话中的含义时，高兴地跳起来。突然，胡适感到心中如释重负，一下对地狱恶鬼凶神的畏惧减轻了。再后来，二哥见胡适在看《御批通鉴辑览》，认为不妥，建议他读司马光的《资治通鉴》，于是，胡适听从二哥的意见，开始读《资治通鉴》。

　　又有一天，胡适读《资治通鉴》读到第一三六卷，其中有范缜反对佛教的故事。书中写道："缜著《神灭论》，以为'形者神之质，神者形之用也。神之于形，犹利之于刀。未闻刀没而利存，岂容形亡而神在哉？'此论出，朝野喧哗，难之，终不能屈。"胡适读到此段豁然开朗，"司马光的话教我不信地狱，范缜的话使我更进一步，就走上了无鬼神的路"[②]。因为，范缜的比喻非常形象生动，他把人的

---

①②《胡适自传》。

"形体"比成"刀子",把人的"神"比为"刀的锋利",试想,没有了"刀"就谈不上"刀的锋利",那么,人的"形体"死去了,人的"神"还有不失散的吗?胡适这一恍然大悟,真是让他有重生之感。胡适这样表达自己当时的心情,"司马光引了这三十五个字的《神灭论》,居然把我脑子里的无数鬼神都赶跑了。从此以后,我不知不觉地成了一个无鬼无神的人"[①]。

胡适又看了《资治通鉴》中范缜与萧子良论"因果"之事。当萧子良讲到佛的"因果报应"时,范缜表示反对,"人生如树花同发,随风而散",谁也难以跳出这个圈子,有何因果?子良无言以对。范缜用"偶然论"反对萧子良的"因果论",令胡适更坚定了不怕鬼神的决心。

从那时起,胡适的心灵起了很大的变化,他涤净了长期以来盘踞在内心的怪力乱神,也平息了控制自己的畏惧之心与骚动不宁,开始以一个无神论者的姿态生活。最明显的一次反抗是胡适十三岁那年。这年正月,胡适去大姐家拜年,住了几天,到正月十五就与外甥章砚香一起回家看灯。当走到中屯外婆家村口的三门亭时,胡适指着几尊神像说要把它们扔进茅厕里。后来,外甥和长工都阻止他,胡适就扔石子打着那些神像。

---

① 《胡适自传》。

回到家里，胡适又是胡说乱闹，完全不敬鬼神的样子，当把母亲吵来后，长工就把路上胡适的所作所为告诉了胡适的母亲。胡适知道这一顿教训是逃不脱的，就将计就计，更闹起来，好像真的神灵已经附在身上似的。这一下可吓坏了母亲，母亲不仅不敢打他（神附于身，打他即是打神），还急得又是烧香，又是拜佛。最后，当然是"鬼神"被驱逐了，胡适的"将计就计"也免除了母亲的严厉训斥。

胡适在自传中曾记下这段"反抗鬼神"的壮举，他说："直到我二十七岁回家时，我才敢对母亲说那一年元宵节附在我身上胡闹的不是三门亭的神道，只是我自己，母亲也笑了。"

胡适后来一直是一个无神论主义者，十七岁在上海为《竞业旬报》做过《无鬼丛话》，1914年在美国留学时还认真研究过范缜的《神灭论》和沈约的《神不灭论》。直到晚年，胡适仍不信鬼神，不信有天堂之说。1961年3月20日，当毛振翔奉主教之命来对胡适说："田枢机每天都为先生祈祷。天堂是有先生的份。"胡适却说："我不会进天堂的。"当毛振翔又说："耶稣基督要你进天堂呢？"胡适说："我也不要进天堂。"①从这段对话中亦可见胡适对鬼神之说的厌倦之情。

---

① 胡颂平：《胡适之先生晚年谈话录》。

　　无神论思想对胡适的影响是很大的，其中，对"偶像"和"权威"的怀疑与否定精神最为突出。假如，胡适没有无神论思想作为后盾，我们很难想象胡适能在1917年发动文学改良运动，我们也难以想象胡适能在以后的岁月里考证出那么多疑难问题。在胡适看来，任何"权威"都不是一成不变的，都值得怀疑，有的也确实是可以超越的。

梅溪学堂高才生

　　1904年，年仅十三岁的胡适离开了家乡，辞别了母亲，跟着三哥来到上海的"梅溪学堂"读书。这个学堂是胡适父亲的好友张焕纶开办的，胡适的二哥和三哥都曾在这个学堂读过书。

　　梅溪学堂只设了三门课程，即国文、算学和英文。学堂共分六个班，主要是按照国文的水平来划分的。学生毕业也主要依据国文的成绩，而算学和英文是次要的，它们的成绩好坏根本不影响学生的毕业。因为胡适从家乡到上海时不懂上海话，也未曾"开笔"做过文章，所以被编进第五班。此时胡适学习用的课本是《蒙学读本》（国文）、《笔算数学》（算学）、《华英初阶》（英文）。当时，胡适翻了一下国文课本《蒙学读本》，其中的内容简直太简单了，只是为刚读书的幼童准备的。所以，胡适学习国文根本不费劲。而算学和英文在家乡没有学过，胡适大多数时间和精力都用在这两门课上。

几个星期以后，国文教员沈先生讲课讲到这样一句话："传曰，二人同心，其利断金。同心之言，其臭如兰。"沈先生解释说，这个"传"是指《左传》。胡适是读过九年古书的，他对中国的一些古书也背得烂熟于心了。当他听到老师的解释后，竟大吃了一惊，明明这是《易经》一书中《系辞传》里的话，怎么老师能说这是《左传》上的话呢？

下了课，胡适战战兢兢地走到沈老师面前，用不明不白的上海话低声告诉沈老师说："老师，这个传是《易经》的《系辞传》，不是《左传》。"沈老师当面被一个刚入学不久的小学生指出错误，浑身不自在，他吃惊这个土里土气的学生竟然还知道《易经》。沈老师红着脸用怀疑的目光问胡适，"你读过《易经》吗？"胡适点了点头说："我读过。"接着，沈老师又问胡适："阿曾读过别样经书？"胡适告诉老师说他在家乡读过《诗经》《书经》《礼记》等几本书。沈老师这时才知道眼前这个小学生竟不可小看，为了试试胡适的水平，沈老师让胡适做一篇小文《孝悌说》，胡适很快写完了。沈先生看了文章后高兴地点了点头。

经过测试，沈老师知道胡适在低级班是"屈才"了，他对胡适说："你跟我来。"这样，胡适被领到二班，沈先生对二班的教员顾先生说了一会儿话，从此，胡适就从五班一跃而成了二班的学生。

对这次显示才华，胡适深有感触，一是读书必须博学精深，否则就容易闹出天大的笑话，这是他一生中慎而又慎的。胡适后来多次批评学生读书不多、信口开河的不良习惯，也曾对自己的读书不广犯了错误警告自己"此诗吾未之见，然吾久自悔吾前此之失言，读书不多而欲妄为论议，宜其见讥于博雅君子也"①。二是有话则说，当仁不让，甚至胡适还主张"宁鸣而死，不默而生"。从中也可看出胡适倡导文学革命时的那种精神也与此多少有些关联。

不过，胡适的"得意"很快冷却下来了。因为当胡适到了二班上课时，黑板上顾老师写了两个题目。论题是《原日本之所由强》，经义题是《古之为关也将以御暴，今之为关也将以为暴》。胡适从来没听说过"日本"在何处，也不知道"经义"该怎么做。正在他左右为难的时候，三哥病危，他家在上海开的茶店伙计来叫胡适回店，这才为他解了围。

当二哥从外地赶来办完三哥的丧事，胡适将自己升班的事告诉了二哥，并向二哥请教《原日本之所由强》的题目怎么做。二哥就找来了《明治维新三十年史》《新民丛报汇编》等一大篮子书让他好好读读，从此，胡适开始接触了更

---

① 《胡适日记》，1914年5月31日。

新的书籍。

几个月后，胡适又升入了头班，成为梅溪学堂的高才生了。

先锋《时报》

　　胡适由安徽来到上海读书时，正赶上有一份报纸创刊，这就是由狄楚青主持，由陈冷主笔的《时报》。

　　《时报》可以说是应运而生的。当时的1904年，正是日俄战争爆发之时，国人震撼，万民齐呼。然而，当时的几家报纸却老气横秋，不管是内容还是形式都没有什么改变，这与人们迅速增长的关心时事的愿望极不相称。也就在此时，《时报》创刊了，并且一开始就以独特的风格引人注目，尤其在知识分子中产生了极大的共鸣和影响。渐渐地，《时报》成为知识分子的伴侣了。胡适曾说："《时报》出世不久就成为中国知识阶级的一个宠儿。几年之后《时报》与学校几乎成了不可分离的伴侣了。"①

----

① 胡适：《十七年的回顾》。

当时的胡适只有十三岁，他刚从老家来到上海，面对丰富多彩的世界，胡适的求知欲是极其强烈的，而这份报纸又是一件新鲜事物，这使胡适对《时报》产生极大的兴趣，而且，这一兴趣经久不衰。胡适自称，"我在上海住了六年，几乎没有一天不看《时报》的。……我当时把《时报》上的许多小说、诗话、笔记、长篇的专著都剪下来分粘成小册子，若有一天报遗失了，我心里便不快乐，总想设法把它补起来"①。此时的胡适仿佛中了魔似的迷恋着《时报》，《时报》成了他知识、智慧以及生活乐趣的源泉。

何以《时报》有如此大的魅力，并能产生那么大的影响？胡适认为原因有二。首先，《时报》创出了一种新文体，即"短评式"。这种体式要求文章短小精悍，不作冗语，不说套话，不搞形式，更不装腔作势，而是"用简短的词句，用冷隽明利的口吻，几乎逐句分段，使读者一目了然"②。"短评式"文体要求有内容，有胆量，有创意，有力量，能够震撼读者的心灵。后来的报纸都逐渐使用这一文体，中国的报界在体式上的革命不能不说始于《时报》。其次，《时报》成为文学爱好者的共同园地，人们在这里可以享受文学的美好。应该说，在报纸上登载小说最早并不是始于《时报》，胡适认为大概最早是从《汇报》开始的。问

①② 胡适：《十七年的回顾》。

题是在《时报》之前，报刊上的文学作品大都比较庸俗，比较陈旧，难以引起读者的共鸣。《时报》一出，不仅改变了大报往往不登小说的局面，而且，所刊的文学作品也面目一新。《时报》上的文学作品有的是译作，有的是原创，但总体说来，这些作品往往文笔流畅，内容生动，很得读者喜爱。此时的《双泪行》和《几道山恩仇记》（即《基度山伯爵》）最为"家喻户晓"。胡适还对《时报》上的《平等阁诗话》栏目评价很高，觉得这种对现代诗人的介绍非常必要，"我关于现代中国诗的知识差不多都是先从这部诗话里引起的"①。

胡适之所以如此推崇《时报》，就是因为它的创新精神，"《时报》是做个先锋的，是一个立过大功的先锋"②。只可惜多少年以后，《时报》就落伍了，因为别的报纸成了"先锋"，而它却原地踏步。所以，在《时报》创刊十七年纪念时，胡适希望《时报》仍要保持着"先锋"精神。

我们认为，《时报》对胡适最大的影响也是这种"先锋"精神，在后来的文学革命运动、"整理国故运动"中，胡适都做过"急先锋"，他言前人未言，行前人未行，立意创新，不落窠臼，开辟了一个全新的时代。

---

① ② 胡适：《十七年的回顾》。

　　这也许是《时报》创刊时人们始料不及的：曾有这样一个少年，他如痴如醉地阅读《时报》，完全被这份报纸所打动。十多年后，这个少年长大成人，从美国留学回来，竟在中国发动了一场文学革命运动。这场运动席卷整个中华大地，并开始了一个全新的时代。

"我最爱读这篇文章"

　　如果有人问，在胡适的一生中哪几个人对他的影响最大，我想，梁启超可能要算其中之一。胡适曾谈到自己所受梁启超的深刻影响，往往满含感情，情动于内，言形于外。在谈到严复时，胡适虽承认自己受过他的影响，但总嫌他的文字太古奥，不如梁启超的浅近易懂，富有感染力。胡适是这样写梁启超对他的影响，"梁先生的文章，明白晓畅之中，带着浓挚的热情，使读的人不能不跟着他走，不能不跟着他想"，"我们在那个时代读这样的文章，没有一个人不受他的震荡感动的。他在那时代（我那时读的是他在壬寅癸卯做的文字）主张最激烈，态度最鲜明，感人的力量也最深刻"，"我个人受了梁先生无穷的恩惠"[1]。可以说，胡适

---

[1]《胡适自传》，第47、48页。

尤其是少年时期的胡适是将梁启超作为自己的崇拜对象和精神导师看待的。

此时，梁启超对胡适的影响主要集中在十几篇文章上，如《新民说》诸篇。另外，《中国学术思想变迁之大势》更不可忽略。"《新民说》诸篇给我开辟了一个新世界，使我彻底相信中国之外还有很高等的民族，很高等的文化；《中国学术思想变迁之大势》也给我开辟了一个新世界，使我知道'四书''五经'之外中国还有学术思想"，"《论毅力》等篇，我在二十五年后重读，还感觉到他的魔力"①。但比较起来，在梁启超的著作中对胡适影响最大的还是《中国学术思想变迁之大势》一书。就像有的学者所说，"从后来的实际发生的影响来看，梁氏的这部残缺不齐的学术著作，显然比他的《新民说》《新民议》等政论文章对胡适产生了更大更久远的影响和更直接的启迪作用与榜样性效果"②。胡适本人甚至认为这本学术著作是自己最爱读的，他说："这是第一次用历史眼光来整理中国旧学术思想，第一次给我们一个'学术史'的见解。所以我最爱读这篇文章。"③

梁启超的《中国学术思想变迁之大势》主要探讨了中国

---

① 《胡适自传》，第49页。
② 胡明：《胡适传论》（上），第147页。
③ 《胡适自传》，第50页。

学术思想发展的七个阶段：一是春秋以前的胚胎时代；二是春秋至战国间的全盛时代；三是两汉的儒家一统时代；四是魏晋的老学时代；五是南北朝和唐代的佛学时代；六是宋元明三代儒佛融合时代；七是近二百年的衰落时代。显然，这部著作是有许多缺陷的，比如在论"全盛时代"时，谈了数万字的绪论，但却没有谈"本论"，只写了一个"缺"字。虽然后来补了一章，但其中大部分是空缺；比如，"佛学时代"一章"本论"一节也没有做；再比如，"儒佛融合时代"也没有写。这些缺点大大降低了本书的学术水准和思想价值。尽管如此，此书的意义还是不可磨灭的，它至少打开了一个思路，至少用宏观的"史"的眼光来审视数千年的中国学术，从而给人们指明了航向。

尤其值得重视的是，梁启超《中国学术思想变迁之大势》对胡适《中国哲学史大纲》（上）的直接影响。如果将二者进行比较，我们发现两书在学术选择、创作动因、结构方法、思维方式等方面都有着不可分割的关联，说明胡适是直接受益于梁启超的。因为胡适对梁启超书中残缺部分的不满，就曾有为其补缺的野心，而正是这点野心，使他有可能写出后来奠定其学术地位、对中国现代学术产生巨大影响的《中国哲学史大纲》。正如胡适自己所说，"这一点野心就是我后来做《中国哲学史》的种子"[1]。而且，胡适后来对国学研究的兴趣与恒心也都与梁启超有不少关系。在中国现代新文学全力否定传统文化的时候，胡适能力排众议，提出"整理国故"的大胆设想，这不能不溯源到梁启超的《中国学术思想变迁之大势》对他的影响。

---

① 《胡适自传》，第50页。

"适" 者生存

　　胡适自己曾说，在他的一生中，"我的思想受两个人的影响最大：一个是赫胥黎，一个是杜威先生"①。这个赫胥黎就是《天演论》的作者。

　　胡适最早接触《天演论》还是在上海读书时，那时，他的国文教师是杨千里。杨先生思想清新，有见识，有胆魄。有一天，他把严复译的赫胥黎的《天演论》拿来当读本，让学生学习。当胡适第一次读到《天演论》时，心情异常激动，因为书中涉及的是一个全新的世界，它讲的是"天演""物竞""淘汰"和"天择"，这对处于战败国地位的中国人来说无疑是希望的灯火，也无疑是一个"铁律"。

---

① 胡适：《介绍我自己的思想》。

"优胜劣败，适者生存"，这是多么令胡适信服的规律。杨先生还让胡适等做命题作文，"物竞天择，适者生存，试申其义"。胡适的作文受到杨先生的高度评价，"富于思考力，善为演绎文，故能推阐无遗"。并因此，"赏制钱二百，以示奖励"[①]。

有意思的是，胡适的名字与《天演论》也有关系，这是与当时此书对中国一些爱国志士的深刻影响有关。当时，一度闻名的陈炯明号竞存，胡适的两个同学一个叫孙竞存，一个叫杨天择。本来，胡适的原名叫胡洪骍，在学堂里一直使用。有一天早晨，胡适让二哥为他取个表字，因为二哥是一个新派人物，也受《天演论》很大的影响，所以，二哥就脱口而出说："就用'物竞天择，适者生存'的'适'字，好不好？"这一下可正中胡适的下怀，胡适非常愉快地接受了，从此，胡适发表文章开始用"胡适"做笔名，后来到美国留学时开始正式用"胡适"这一名字。看来，"胡适"的大名还是赫胥黎《天演论》的产物，这在中国现代文学史上传为美谈。

后来，胡适还对赫胥黎和达尔文做了进一步的研究。1922年，胡适在《五十年来之世界哲学》中就写有一章《演化论与存疑主义》，对进化论的哲学思想进行了系统的阐

---

① 胡明：《胡适传论》（上），第139页。

述。胡适在本章中这样评价说："达尔文与赫胥黎在哲学方法上最重要的贡献，在于他们的'存疑主义'（Agnosticism）。'存疑主义'这个名词是赫胥黎造出来的，直译为'不知主义'……赫胥黎说，只有那语气充分的知识，方才可以信仰，从没有充分证据的，只可存疑，不当信仰。——这是'存疑主义'的主脑。""自从这个'拿证据来'的喊声传出以后，世界的哲学思想就不能不起一个根本的革命——哲学方法上的大革命。"

胡适自己也承认赫胥黎对他的深刻影响，"赫胥黎教我怎样怀疑，教我不信任一切没有充分证据的东西"。赫胥黎与杜威"这两个人使我明了科学方法的性质与功用"[1]。还有，胡适一生不信笼统的"主义"，也不相信暴风骤雨式的"革命"，而是关注"问题"与"一点一滴的改革"，这显然与进化论思想是联系在一起的。

对胡适而言，赫胥黎的《天演论》就是一把思想的刀子，它划开了政治、社会、人生、家庭以及学问等的复杂性，寻出了其中的一些规律；赫胥黎的《天演论》又是一盏明亮的灯火，它照亮了漆黑的夜晚，为胡适指明了道路。

中国近现代以来，读赫胥黎的《天演论》者何止千万，但如胡适这样执着、认真、长久者不多，如胡适这样受其深

---

① 胡适：《介绍我自己的思想》。

刻影响者又不多，如胡适这样活学活用并能做出巨大贡献者更不多。

古诗和脚气病有缘

　　中国公学是中国第一所私立大学，胡适入中国公学不到半年就得了脚气。因为胡适的父亲就是死于脚气，所以胡适知道"害脚气"的厉害，不得不告假休息疗养。这样，胡适就住到上海南市的瑞兴泰茶叶店里养病。

　　在店里无事可做，胡适偶尔翻阅吴汝纶选的古文读本。吴汝纶是曾国藩的弟子，也是严复的老师，他编的古文读本影响很大。这个读本的第四册全是古体诗歌，胡适一读古体诗便觉得兴致勃勃，不能自已。因为小时候胡适读过一本律诗，没有什么兴趣，只是为读而读。这次读古体诗对他来说虽然不是第一次，但他仿佛着了魔一般。这样，胡适每天熟读几首，很快就把一册书读完了。与律诗的刻板不同，这些乐府歌词和五、七言诗歌是那样自由，不必一定对仗，可以充分发挥自己的个性，这是胡适特别喜爱它们的主要原因。

胡适熟背的第一首古诗是《木兰辞》，第二首是《饮马长城窟行》，接下去是《古诗十九首》。这样下去，胡适又背诵了陶潜、杜甫等的古诗。读完了吴汝纶的选本，胡适又从二哥的藏书里找到了《陶渊明集》和《白香山集》，读兴更浓，真如发现了一个全新的世界。后来，胡适自己又买了一本《杜诗镜铨》。在这段时间里，胡适不愿意再读律诗，全力以赴地攻读古体歌行，偶尔也读一些五言、七言绝句。

渐渐地，胡适有了作诗的愿望，自己也开始暗地里作诗，只是不敢示人。但有一次，胡适路过《竞业旬报》，顺便去看编辑傅君剑，听说傅君剑马上就要回湖南，胡适心中好不难过。回到宿舍，胡适写下一首离别诗，送给傅君剑，让他批评指正。这诗的原文胡适记不得了，只记得诗的头两句，"我以何因缘，得交傅君剑"。没想到，傅君剑看了胡适的诗，大加赞赏，他也回赠了一首诗给胡适，这首诗是《留别适之即和赠别之作》，诗是用日本卷笺写成的。胡适打开一看，诗中有"天下英雄君与我，文章知己友兼师"一句，当时的胡适才十五岁，能得傅君剑如此对待，将自己视为英雄，并被傅先生当友兼师，他真是受宠若惊。从此以后，胡适更加发愤读诗、作诗。有时候，在课堂上，老师在上面讲数学，而胡适则在《大代数学》书底下翻看《诗韵合璧》，练习本上不是在做数学题，而是在写纪游诗。此时，胡适的心思全放在古体诗上，这对他的一生都产生了很大的影响。胡适自己曾说："我在病脚气的几个月之中发现了一个新世界，同时也决定了我一生的命运。我从此走上了文学史学的路。"①

值得一提的是，胡适之所以此时抱着《诗韵合璧》像啃骨头似的硬啃，这与他曾闹过一个笑话有关。胡适原来作诗根本不懂什么押韵，只是按照老家绩溪的方言音韵听起来顺口就可以了。1907年春天，胡适与中国公学的全体同学去游杭州，大家都做纪游诗，胡适也是诗兴大发，于是做了一诗，押的是"尤"韵和"萧"韵。在绩溪，这两个韵念起来是同韵，可是国文教员杨千里看后，却忍不住大笑起来，并告诉胡适说，在方言里押韵而在普通话里并不一定押韵。杨先生还动手为胡适改动了两句。此时，胡适才知道，作诗要记住诗韵，还不能太随意，"并且不妨牺牲了诗的意思来迁就诗的韵脚"②。不过胡适对杨老师为他改的诗很不满意，因为那两句已经不是他自己的诗了。胡适后来提倡自由的白话诗以及多次对为了韵的和谐而不惜损害诗的意思的做法进行严厉批评。他说："只求音律上的谐婉，不管内容的矛盾！这种人不是词人，不是诗人，只可叫着'词匠'。"③

---

①② 《胡适自传》，第63页。
③ 胡适：《〈词选〉自序》。

数月之后，胡适的脚气又犯了，这一次他不得不回家乡去疗养，因为安徽人在上海得了脚气必须马上回家乡，当走到钱塘江的上游时，脚肿就渐渐退去了。在回家的路上，在家乡养病期间，胡适仍是如饥似渴地读古诗，也写古诗。此时胡适非常喜欢白居易的诗，也读得最多。《白氏长庆集》的深刻影响在胡适作的《弃父行》中有明显的表现。《弃父行》是一首讽刺世态人情的长诗，老父亲为给儿子多积下些钱，不顾年老在外经商挣钱，结果不但没有赚钱，反而赔了老本。等着老父亲回家后，儿媳还用话羞辱老人，说什么"自古男儿贵自立，阿翁恃子宁非辱"。这种讽喻世情的风格明显受白居易的影响，而且诗中夹叙夹议的文体方式和平白如话的语言都与白居易有深刻的因缘。

胡适还有个习惯，他常常将自己的读书心得用诗的形式表达出来，这些诗虽记录了当时的读书感受和一颗少年诗心的激动情怀，但由于过于重视理性，过于追求哲理，倒使诗不像诗，而有点儿像议论文了。有的学者概括说："胡适爱读书，每读到一本好书便都要写诗记一番感慨，如《读〈十字军英雄记〉》《读大仲马〈侠隐记〉〈续侠隐记〉》《读〈儒林外史〉》等，但这一类诗往往说理过多，思维过重，而失去诗歌本身的清爽灵气和淡雅风色，成功的不多。"[①]

---

① 胡明：《胡适传论》（上），第189页。

但不管怎么说，胡适这段时间热心于古体诗，如饥似渴地读，一发不可收地写，对胡适的人生道路和文学观之形成都有不可忽视的作用。古体诗牵扯的"自由"精神对胡适来说是一个核心问题，可以说，胡适一生得于此，也失于此。

秉烛夜抄《革命军》

　　胡适从家乡来到上海，眼界随之打开了，所读的书也不是在家乡时读的那些古老的书。在新接触的书中，政治类的书对他的影响极大，也极为深远。对胡适革命思想产生较早也有较大影响者当是梁启超。而《新民说》和《新民议》这些革命性较强的文章对胡适的影响尤其明显。胡适曾谈到梁启超对他的影响，"我个人受了梁先生无穷的恩惠。现在追想起来，有两点最分明。第一是他的《新民说》，第二是他的《中国学术思想变迁之大势》"①。而《新民说》中政治革命的色彩是比较浓厚的。

　　此时的胡适虽然刚刚对政治和革命产生热情，但他自命

①《胡适自传》。

不凡，已开始觉得有点儿脱胎换骨，成了"新人物"了。随后，邹容的《革命军》一书对其影响也很大。

有一天，胡适的同学王言君带来一本邹容的《革命军》，胡适这样描述此书对他的影响，"我们几个人传观，都很受感动。借来的书是要还人的，所以我们到了晚上，等舍监查夜过去之后，偷偷起来点着蜡烛，轮流抄了一本《革命军》"①。看来，一本《革命军》点燃了胡适等人的政治热情，使他们几近狂热。

邹容的《革命军》在当时无疑是一颗炸弹，在中国相当沉闷的天空炸响。此书由章太炎作序，1903年5月在上海出版，由于书中观点鲜明、激烈，文字浅显明白，曾在全国风靡一时，销售达一百多万册。胡适身在上海，这本书对其影响之大亦可想而知。另外，邹容写《革命军》时才十八岁，比胡适只大几岁，相当的年龄极容易在胡适心中产生强烈的共鸣。

更为重要的是，自此以后，胡适对政治渐渐有了兴趣，从而走上了一生关心政治，有时也投身政治的人生道路。比如，胡适到美国留学以后，康奈尔大学政治系开了一门"美国政府和政党"课程，胡适毫不犹豫地选修了这门课。此时，正值美国总统大选，胡适对本门课表现出极高的热情，

---

① 胡适：《胡适自传》。

他还发起了"政治研究会"，讨论政治问题。后来胡适出任国民党驻美大使，答应蒋介石出任总统，这些都可溯源到胡适在上海时受到邹容《革命军》一书的深刻影响。

几乎成了基督徒

　　胡适来到美国后，如饥似渴地阅读古今中外的名著，其涉猎范围之广，用功之勤，读书之细都是难能可贵的。这时间，胡适除了继续阅读了许多中国书外，还拿出大量时间阅读西方的著作，像柏拉图、弥尔顿、莎士比亚、培根、大仲马、狄更斯、海涅、歌德等人的著作，胡适都进行了广泛的阅读。就如同一个水手进入浩瀚的大海，情绪是无比兴奋的。但比较而言，在留学期间，对胡适影响最大也是至深者当是《圣经》。

　　胡适一接触《旧约全书》就为其内容的独特性所感动。书中犹太人不怕困难勇往直前的精神和博爱思想尤为动人。在此书的感染下，胡适还于1911年夏天参加了"中国基督教学生会"组织的夏令营。在给国内许怡荪的信中，胡适叙述了自己成为狂热"教徒"的原因。信末他说："会终有七人（此是中国学生会会员，大抵皆教中人，惟八九人未为教徒耳。）起立，自言愿为耶教信徒，其一人即我也。"[①]

胡适这一举动只是一时之兴，很快，胡适就清醒过来，要做教徒的热情也冷却下来。虽然如此，胡适对基督教的思想、信念与感情却没有因此受到多少影响。胡适曾表示，"我读遍《圣经》，对《新约》中的《四福音书》中至少有三篇我甚欣赏；我也喜欢《使徒行传》和圣保罗一部分的书信。我一直欣赏《圣经》里所启发的知识"。"在我阅读《圣经》，尤其是《旧约》之后，我对犹太人真是极其钦佩"[②]。

也正是由于此时开始的对《圣经》的热爱，到北京大学后，胡适开始收集《圣经》的中文译本和各地的方言《圣经》本。更有趣的是，在"中国圣经版本展览会"上，胡适的收藏因其丰富与珍贵获得第二名。而此次获第一名者乃是该会本身的收藏。

[①]《胡适留学日记》，海南出版社1994年版，第27页。
[②]《胡适口述自传》。

鄙夷培根

胡适在美国留学期间曾读过培根的书，对培根的著作，胡适没有一概否定，但对其人品多有指责，口气中露出鄙夷之情，这在胡适的生活中是少有的事情。胡适往往对事不对人，对文不对人，即使别人有过，他也多看其优点，给以宽谅。在胡适的一生中，我们还较少看到他对一个文人甚至对一个政客能像对培根这样，深恶之、鄙弃之。

在1911年4月25日的日记中，胡适写道："夜读培根文。培根有学而无行，小人也。其文如吾国战国纵横家流，挟权任数而已。"在胡适看来，战国那些文人动其口舌，用其文才，展其辩才，在各国政客间行走穿梭，鼓舌弄唇，他们已然成为统治者的工具和鹰犬。甚而至于，这些文人今天跟从这个政客，明天又转向那个政客，没有最起码的正义与操守，只为名利所驱动。胡适自小得父母督责，以正身率性为本，重义忘利，不苟不且，他最恨失去自己而攀龙附凤之势利小人，所以对培根才能有此评判。

胡适解释说："读培根之《建筑》与《花园》两文，皆述工作之事。惟此君为英王进土木之策，其逢迎之态，殊可嗤鄙。"[①]显然，胡适看重的是文人的骨头，它不是为迎合政客而生。文人应该有自己的思想、见解与个性，他不应该依附于其他东西，如果那样，与爬藤、蛆虫何异？

胡适还将培根与爱默生相比，他说："读Emerson's *Friendship*，甚叹其见解之高，以视培根，真有霄壤之别。"[②]

后来，胡适还专门做了一篇文章评论培根，其立足点即是用中国人的道德观来叙述培根一生的行为，用语遣词较为刻薄，感情色彩较为浓烈，充分反映了胡适本人的思想与感情，也表达了胡适的中国式的道德观。

应该说，胡适对培根人品的挑剔不是没有道理的，因为文人应作为"正义"与"良知"的守护神而出现，他也应向善求真，不阿谀，不弄巧，不跟从，代表人类说话，而现实却往往不是这样。从此意义上看，胡适的努力是有意义的。问题是我们是否考虑了培根的特殊性与复杂性，我们到底能

---

① 《胡适留学日记》，第16页。
② 《胡适留学日记》，第16、17页。

不能用中国人的道德观来衡量培根，胡适的评价带有如此强烈的感情色彩是否有利于更好地评析培根。这些问题都是值得人们深思的。

"此邦之藏书楼无地无之"

　　胡适一生酷爱书籍，就注定他与图书馆就结下了不解之缘。在留美期间的日记中经常有"在藏书楼阅书""到藏书楼看书"的记载。少年时在家乡无书可读的情景一去不复返了，美国藏书楼丰富的图书使胡适应接不暇，也幸福无比，他一有空就跑到图书馆尽情领略这个更为广大的世界。此时的胡适就如同一棵久旱的小树遇上甘霖，其心情可想而知。

　　美国非常重视书籍，更重视书籍的利用，美国各地都有藏书楼，这就大大方便了读者。最让胡适惊异与欣喜的是纽约公共藏书楼。这个藏书楼仅仅一两个月借书就达一百万册，让胡适赞叹不已。

　　胡适还专门介绍了纽约的藏书楼。胡适说，纽约共有藏书楼支部四十三个，仅一年中，在楼中读书者计六十二万余人；借出的书有八百八十三万册；楼中翻阅之书达一百九十五万册。至于藏书可分为两种方式，一是参考部，计一百二十五万一千二百零八册；二是流通部，共一百零一万九千一百六十五册。还有，美国的政府与个人都极力支持藏书楼的建设，如1901年，卡匿奇氏捐款五百二十万用于纽约的藏书楼之用，纽约市政府为其买地，大家齐心协力，共建图书楼，纽约爱读书者真是福泽不浅。

对美国公共藏书楼的费用，胡适也给以足够的注意。如对纽约、奥克兰、西雅图、洛杉矶等十三个地区的人口、阅读人数、每人费用，胡适都做了统计，其数据的详细与精确令人佩服。如果不是有感于中国图书楼的缺乏和有志于中国图书、阅读事业的建设，胡适是不可能费尽心思去做如此认真的藏书楼研究的。

胡适外出开会、旅行，也不忘去图书馆、美术馆看看。1914年9月，胡适去开学生年会，其间尽兴游了波士顿，当然也去了波士顿图书馆和美术馆。胡适介绍说，波士顿图书馆建于1895年，用费达二百三十六万。馆长227尺，宽225尺。馆中藏书一百多万册，人们可随意观瞻，免费阅读。馆中名画甚多。美术馆是由私人集资建成，用金二百九十万。馆共分八个部，它们是埃及部、希腊罗马部、欧洲部、中国日本部、油画部、印本部、铸像部、藏书部。有趣的是，胡适还写道："是夜晚餐后，复至藏书馆，欲观其所藏中国书籍。馆中人导余登楼，观其中国架上书，乃大失所望。所藏书既少，而尤鲜佳者，《三国演义》《今古奇观》《大红袍》等书皆在也。"①

正因为在国外深知图书馆之发达与作用，所以，胡适在美国留学期间就立志回国后多建图书馆，为国为民服务，他深知一个不重视书籍的民族是没有希望的。胡适在1915年3月8日的日记中写到自己的理想藏书楼："吾归国后，每至一地，必提倡一公共藏书楼。在里则将建绩溪阅书社，在外则将建皖南藏书楼，安徽藏书楼。然后推而广之，乃提倡一中华民国国立藏书楼，以比英之British Museum，法之Bibliotheque National，美之Library of Congress，亦报国之一端也。"

胡适在美国留学期间，曾与英文老师亚丹先生有一次谈话，其中谈到中国的大学状况，也谈到中国的藏书情况。胡适在1915年2月20日的日记中记载："先生又言，如中国真能有一完美之大学，则彼将以所藏英文古今剧本数千册相赠。先生以十五年之力收藏此集，每年所花费不下五百金。"对此，胡适非常感动，也喜不自胜。一个外国教师竟能如此关心中国的教育，竟愿意将自己多年所藏图书捐献给

---

① 《胡适日记》，1914年9月13日。

中国，其情可感，其德可颂，其境界可大书特书！

　　胡适回国后一直没有忘记他的理想。1917年12月，胡适的朋友张奚若来信，要胡适"急与蔡子民先生及诸同事等设法为北京大学设一大图书馆，以作造学基础。此事向为足下所注意，如能从早见诸实行，则更幸矣"。1922年5月7日曾与陶行知参观京师图书馆，看到善本室内有抄的叶恭绰藏的数本《永乐大典》，胡适决定有空再来一看。当天晚上，胡适作《努力歌》，其中有这样的句子："朋友们，我们唱个《努力歌》：'不怕阻力！不怕武力！只怕不努力！努力！努力！'"这首歌虽是为新儒学成立而作，但恐怕与参观京师图书馆想起自己建立藏书楼的理想不无关系。后来，胡适还真是开始建起图书馆。如1926年，胡适与上海亚东图书馆经理汪孟邹一起发起建立了绩溪图书馆，他本人带头捐出图书三千册。又如，1930年胡适让族中好友胡近仁在上庄建立图书馆，胡适答应将自己的房产拿出来做馆址。1934年，胡适倡议编辑《绩溪县志》，除担任特约编辑外，胡适还将自己收藏的万历、康熙、乾隆三部县志捐给县志馆。另外，胡适还为上庄"毓英小学"筹措资金，捐赠书籍。胡适还珍藏着十几种绩溪人的重要著作。[1]

　　1957年6月4日，胡适在纽约做了胃溃疡大手术后立下

---

① 胡明：《胡适传论》（上），第18页。

的遗嘱里就有这样两条：一是在适当时，将自己存在那里的一百零二箱书籍捐赠给北京大学。二是在纽约的全部手稿、书籍等全部赠予"国立台湾大学"。

很显然，没有图书、图书馆、大学，就谈不上有知识，一个国家就会文盲遍地，那么，这个国家的发展与强大也是不可能的。列宁曾说过："在一个文盲充斥的国家是不可能建成社会主义的。"此言甚是。胡适高瞻远瞩，早就看到了中国图书馆的落后状态，所以发奋而为，可惜人力有限，财力更有限，再加上当时中国动荡的社会环境，胡适是不可能实现自己那与英、法、美图书馆媲美的宏大理想的。这一理想只有留待来日实现了。

"吾有书癖"

　　胡适曾在1914年6月30日的日记中记下这样一件事："偶过书肆，以金一角得H.A.Taine's *History of English Literature*，又以九角八分得Gibbon's *The Decline and Fall of Roman Empire*，二书皆世界名著也。书上有旧主人题字'U.LordCounell, Reading, Penna'，其吉本《罗马史》上有'五月十六日一八八二年'字，三十余年矣。书乃以贱价入吾手，记之以志吾沧桑之慨。"接着，胡适又说："吾有书癖，每见佳书，辄徘徊不忍去，囊中虽无一文，亦必借贷以市之，记之以自嘲。"

　　当然，书癖也有不同的类型，有的只好买书但不好看书，有的只好收藏珍奇版本，也有的只读不买，还有的买书为了读书致用。胡适属于最后一类。胡适购书除了有时自己确实喜欢，主要是因为自己研究有用。比如，1921年5月19日，胡适买得《明清进士题名碑录》七册，价四元，又买了《明清进士题名碑录》零本八大册，仅一元半。胡适称："甚可宝。"还买得清代《御史题名录》共五册，价一元半。胡适认为，"此书甚有用"。如果真是有用的书，胡适往往不顾一切，借贷也在所不惜。如1910年2月9日，早晨起来就让人为朋友怒刚赎衣服，因为胡适向怒刚借钱，正逢怒刚也没有钱，怒刚就将自己的衣服送去当了，以解胡适急需。当天，胡适访友，朋友不在，回来时正遇一旧书店肆，进去买得《巾箱小品》四册，《读书乐趣》四册，《萤窗异草》十二册，共花了一元二角。晚上，胡适从《巾箱小品》中取出一册《金冬心砚铭》读之，认为其文"或颂或规，亦庄亦谐，要皆成一家言也"。1921年6月9日，胡适在日记中写道："这两天共还书店债壹百贰拾元（镜古四十，文奎四十，带经二十，松筠二十），现在只欠壹百块钱的中国书债了。这个端午节还多亏三日政府发了两个半月的钱。今天亚东又筹了壹百元给我，更不愁过节了！"

胡适曾劝那些富人有钱或办学校或办报纸，不要藏诸"金库"，否则如高卧材薪，随时都有杀身之祸。此话到底有多少道理我们姑且不论，但从中我们可以理解胡适何以一生嗜书如命、不重钱财；何以一生疏财重义，朋友借钱有求必应，钱借出后就不打算要回；何以一生把仅有的一点儿钱用于建立图书馆和学校。这一切都可归结于一个"书"字。只要是与书有关的，胡适都慷慨大方，从不计较。

对胡适来说，书就如一只蓝色的蝴蝶，在胡适的梦中飞舞了一生，它把世间的所有东西都冲淡、升华了。这只蝴蝶是小时候父母给他的，长大成人以至人到暮年，他一直都在为这只蝴蝶增辉加彩。书还如一只风筝的丝线，它拉扯着胡适，使其一直保持着文人的本色与操守。

主持"读书会"

　　1914年7月，胡适留学美国期间，曾发起成立了一个读书会。这是一个自愿的由几名中国留学生组成的松散的组织。会员共有五名，他们是任鸿隽、梅光迪、张耘、郭荫棠和胡适。

　　读书会没有什么远大的理想，也没有什么长远的计划，更没有什么具体的章程，其目的就是读书，多读书，读好书。要求会员每周至少读英文文学书一部，每个周末大家相聚讨论一次，相互交流各自的读书体会，从而达到相互启发、共同提高的目的。其实，这是一个文学读书会，也是一个外国文学读书讨论会。

　　胡适第一周读了两本书，其中之一是德国文学泰斗豪普特曼（Gerhart Hauptmann）的问题剧《东方未明》。豪普特曼曾获诺贝尔奖，在世界文坛产生很大的影响。《东方未明》是一部立意在戒除饮酒的书。因为德国人生性嗜酒，产生的负面作用很大，豪普特曼做此剧以劝诫之。胡适认为此剧非常不错，很值得一读。他说："全书极动人，写田野富人家庭之龃龉，栩栩欲活，剧中主人Loth and Helen尤有生气。此书可与易卜生社会剧相伯仲，较白里而（Brieux）所作殆胜之。"①

　　当时的外国剧作大家有挪威的易卜生、德国的豪普特曼、英国的萧伯纳及法国的白里而。而胡适对豪普特曼尤为推崇，受其影响不少。如胡适读过豪普特曼的名著《织工》。这是一部专门写织工受尽剥削和压迫，过着贫困生活，最后起而反抗的剧本，胡适读后大受感动。当读到织工的贫苦处境，而主子竟说"不能得芋（最劣之食物），何不食草"时，胡适叹曰，"真足令人泪下"；当读至工人起叛，主子逃命，工人遂毁其主子宅室，胡适呼曰："读之令人大快。"甚而至于豪普特曼剧中的话，竟成为胡适生活的戒律和座右铭。如胡适到美国后深为不能戒纸烟为忧，屡戒屡复，难有成效。当看了豪普特曼书中的戒律时，决心戒掉自己抽纸烟的恶习。胡适在1914年7月18日的日记中写道："记此为座右铭。自今日始，决不再吸纸烟或烟斗之类。今

---

① 《胡适日记》，1914年7月18日。

日之言，墨在纸上，不可漫灭，吾不得自欺。"可见豪普特曼的著作对胡适之影响确是非同小可。另外，胡适还读过豪普特曼的作品《獭皮》《放火记》等。

可惜的是，胡适等人的读书会未能坚持太久，更未能发扬光大。然而，此读书会的影响不可小视，读书的爱好、相互切磋的习惯一直对胡适产生影响。

在胡适的读书生活中，常常有朋友相互介绍好书的例子，比如胡适给徐志摩介绍《醒世姻缘传》，胡适给胡颂平介绍《基度山伯爵》，而徐志摩等人也常常给胡适推荐好书。值得注意的是，对朋友介绍的名著，胡适也是有选择的。佳者，胡适喜之乐之，有时欣喜若狂；而不佳者，胡适也提出批评，这其中与人们不同的审美眼光有关。

1931年3月5日，徐志摩来与胡适聊天，徐志摩拿来一本艾略特的诗集让他看，胡适读了几首，一点儿也读不懂，于是就表示这样晦涩就根本不能称作诗。徐志摩认为，像艾略特这样的诗人有他们自己的经验，这是我们所没有的，因此，不能用普通的标准来评判他的诗作。胡适则说，也许艾略特有其独特的经验，但这特殊的经验是什么，艾略特也没有写出来。徐志摩还举出现代许多文化名人推崇艾略特的例子，以说明艾略特的价值。但胡适仍觉这也不能令人信服，因为在他看来，丑陋的东西有时也能获得人们的称许，并举例说，中国的小脚女人千百年来不是同样得到人们的称赞吗？八股文不也笼罩了中国五百年士大夫的心吗？

　　作为有成就的诗人，艾略特在文学史上的地位今天已不容怀疑了，在这场"胡、徐之争论"中，当然不能简单下结论说谁是谁非，因为这离不开当时的社会文化环境和二人不同的诗学观。但比较而言，徐志摩似乎要比胡适视野更宽广一些，审美标准更宽容一些，胡适则较徐志摩保守一些，这与他一贯主张"清顺自然"的文学观有关。但从中也可以看出胡适不弄假、不赶时髦，不苟且、讲真话的作风。为此，他引用孔子的话说："知之为知之，不知为不知，是知也。"

辨伪《李鸿章自传》

　　1914年10月30日，胡适所在的美国留学生哲学会邀请了哲学教师汉蒙先生前来谈话。会上汉蒙先生摘读了美国刚出版的《李鸿章自传》。当胡适听到书中有关李鸿章的日记时，觉得其口气与中国人大不相同，相去甚远，此时，胡适敏锐地发觉，这本书不是出于李鸿章自己的日记，很可能是伪作。因为当时手上没有证据，不好立即辨其真伪。

　　后来，胡适得此书，并找到了许多证据，一一证实此书确是伪作。胡适因此做一书评给汉蒙先生，揭露此书的伪作真相，并让汉蒙先生将书评转给出版此书的书店。后来，胡适又做一文，揭露《李鸿章自传》的虚假，呈交杂志登发。

　　这件事是胡适的义勇之举，他站在正义的立场，用考证的方法，揭穿了书界的一件丑案，为读者拨开了眼前的迷障，对李鸿章的真实状况无疑也起到有力的维护作用。因为在胡适看来，自传最基本的要求是可信，即使作者本人有时都很容易出现记忆等方面的失真，何况《李鸿章自传》这样公然作伪呢？倘若知其伪而听其泛滥，那可是害人不浅。

　　将《李鸿章自传》的作伪真相揭露出来后，胡适非常高兴，他在1915年2月4日的日记里曾记录了当时的心情，揭露了《李鸿章自传》的虚假，他"自以为生平一大快事"。

"开口慢半拍"

胡适在美国留学期间，有一次逛书摊，偶然发现一张帖，上面写着这样一句话，"如果不敢高声言之，那就闭口勿言"。胡适深有感触，把它买回来，挂在墙壁上，长达两年多。每当看到这句话，都令他想到孔子的名言，"知之为知之，不知为不知，是知也"。

在胡适看来，不敢高声说话，说明没有真知灼见在胸。如此，说话也就没有什么意义，那还不如缄口不说为好。这句话还提醒人们，为了有发言权，必须平日努力，扩大知识面，增长见识，磨砺眼光，也就是古人说的那句话，"莫等闲，白了少年头，空悲切"。

这句格言实际上成为胡适一生的行为准则。他在演讲时要求自己不可胡言乱语，要慎重、言之有据，"虽有时或不能做到，然终未敢妄言无当，尤不敢大言不惭"，胡适说，他之所以能如此，"则此一语之效也"①。在研究工作中，这一句话对胡适也有一定的影响，他极力反对言之无据的放口胡言，也极其反感按照自己的主观意志草草定性的研究，还非常反对不尊重历史事实做时势文章。也正因此，胡适的研究在许多方面都有开先河之功，经得起历史的考验。

---

① 《胡适日记》，1914年1月28日。

勃朗宁与乐观主义

　　勃朗宁是英国著名诗人，他一生服膺乐观主义，胡适非常喜欢他的作品，勃朗宁的乐观主义也对胡适产生不小的影响。

　　胡适曾以骚体翻译了勃朗宁的一首诗《乐观主义》，这首诗表达了不受外在环境束缚，放眼未来的乐观精神。诗中说道："吾生惟知猛进兮，未尝却顾而狐疑。见沈霾之蔽日兮，信云开终有时。知行善或不见报兮，未闻恶而可为。虽三北其何伤兮，待一战之雪耻。吾寐以复醒兮，亦再蹶以再起。"

　　1914年5月9日的日记中记载，胡适留学美国期间，曾参加"卜朗吟奖赏征文"比赛。他提交的论文题目是《论英诗人卜朗吟之乐观主义》。可喜的是，胡适的这篇论文竟然获奖，奖金为五十美金。作为非美国人，胡适此次获奖，在学校格外引人注目，各报章也都登载了这一消息，一时间朋友纷纷来信来电祝贺。胡适本人当然十分激动。他这样记下当时的心情，"此区区五十金，固不足齿数，然此等荣誉，果足为吾国学生界争一毫面子，则亦'执笔报国'之一端也"。此次胡适的文章能够获奖，也可见胡适对勃朗宁的理解之准确程度。

其实，胡适的一生一直生活在乐观的情绪中，他总是充满理想和信心地去做每一件事。胡适曾写过一篇《悲观声浪里的乐观》，其中虽对辛亥革命以后二十三年时间里的诸种悲观事心怀忧虑，但作者仍充满乐观主义的情绪，相信前途是光明的。如果我们要探讨胡适的乐观主义根源，当年勃朗宁对他的影响不可忽略。

韦女士荐书

　　胡适在美国留学期间结识了韦莲司女士，他与韦女士交往多年，相互通信。并且相互通信之多之频令人惊奇，仅两年时间胡适给韦女士写信就有一百多封。据载，胡适去世后三年，韦莲司女士"将1914年至1916年青年胡适写给她的信（收藏了整整半个世纪，一百几十件）寄给胡夫人江冬秀女士"[①]。

　　韦莲司女士是美国地质学教授韦莲司之次女，她在纽约学习美术。韦女士喜爱读书，且读书很多，她思想敏锐而深刻，性格孤高而近狂狷，常常有惊世惊人之举。比如，韦女士生于富家但不重修饰，曾经穿过的衣服多年不更易，一任

---

① 唐德刚：《胡适杂忆》，华文出版社1992年版，第14页。

其陈旧过时，这在日新月异、人们争相时兴的欧美被视为怪事。她还把头发剪成数寸，草帽破旧，她不做更换，戴之如故。当人们以韦女士为怪时，韦女士却认为自己是正常的，而那些每日更换衣饰、搔首弄姿的妇女则不正常。她认为，"彼诚不自知其多变，而徒怪吾之不变耳"。胡适对韦女士非常赞赏，曾对韦女士谈起中国知识分子不拒绝新思想，并举例说《天演论》在中国的风行就是一例。而韦女士则说，这也未必是中国士大夫的长处，西方人士不肯人云亦云，凡事都要经过实验考证才肯相信，东方人士容易崇拜先哲，凡有动听之言即往往奉为圭臬。韦女士概括说，西方不轻易接受新思想，未必是其短处，而东方容易接受新思想，未必是其长处。胡适听了韦氏的意见，非常佩服，认为"此甚中肯"。胡适甚至赞美韦女士说，"女士胸襟于此可见"[①]。胡适还曾说："余所见女子多矣，其真具思想、识力、魄力、热诚于一身者，唯一人耳。"[②]

对胡适与韦女士的关系，研究者也颇有争议。比如，胡适的学生、胡适研究专家唐德刚说胡适已卷入国际情场，且越陷越深。美国学者贾祖麟认为有足够的证据证明胡适深深地爱上了康奈尔大学韦教授之女韦莲司，或许二人正在恋爱中。而中国现代文学研究专家、美国著名学者夏志清则认为

---

① 《胡适日记》，1915年5月8日。
② 《胡适日记》，1915年1月23日。

胡适与韦女士根本没有恋爱，唐德刚的说法显然证据不足。

在此，我们不拟探讨胡适与韦女士是否有恋爱关系，而是考察一下二人的书缘。换言之，韦女士经常荐书给胡适，并对胡适产生过不小影响。

韦莲司女士曾借给胡适一本英国作家毛莱的《姑息论》，胡适说自己"读之不忍释手，至晨二时半始毕"[1]。胡适还将书中精彩处笔抄下来，作为自己的心得。胡适喜欢的句子有以下几句："一个人诚实正直生活的简单权利无须用英雄行为的美德来为其辩护，而仅只需用一点人们习惯称之为男子汉气概的坦率这种品质，就足可解释了。""事实上为社会贡献最大的人是极少去注意其影响的。他们寻找光，却毫不留意他们留下的影响。""以此看来，一个人确实应敢于不顾公众对他的褒贬而生活。他只在意他的生活充满了真实，他是否完全说真话。""没有什么东西可以枯竭一个时代，可以剥夺高尚的行为，崇高的秉性。"胡适认为毛莱是一个理想主义者，他最值得重视的是"盖能不以禄位而牺牲其主义者也"[2]。毛莱的思想和观念肯定对胡适是有影响的，"说真话""不屈膝""乐于助人""矢志自由"等都与《姑息论》中的观点很接近。

毛莱的《姑息论》还使胡适下定了决心，在家庭的事情

---

①②《胡适日记》，1914年12月6日。

上服从东方人的见解，即当自己的意见与家里父母格格不入时，采取容忍迁就以求相安的态度。同理，在世界格局中采取不争的和平主义立场。1915年1月18日，胡适在日记中写道："余告女士（韦女士，笔者注）以近来已决心主张不争主义。……女士大悦，以为此余挽近第一大捷，且勉余力持此志勿懈。"

胡适以往较少与外面的女性接触，所接触的也就是自己的母亲和胡家的女性。然而，通过与韦女士的交往，胡适的见解发生了很大的变化。比如，从前胡适认为女子教育只是为国家造就贤妻良母，而通过认识韦女士，他明白了女子教育最重要的目的是为国家造就有自由精神与独立意识的女子。一个国家只有有了自由独立的女子，才能改善国家道德与塑造高尚人格。

当然，胡适并不是完全听任韦女士的见解，对她推荐的书，胡适也是有选择的，他是根据自己的审美标准进行判断的。如韦女士把日本人野口米次郎写的《日本诗歌精神》一书借给胡适，韦女士读此书时非常喜欢并大加赞赏，可胡适则认为"此君工英文，其书文笔雅洁畅适，极可诵，然似太夸，读之令人不快"[①]。可见，胡适更喜欢真实与老实的文风，这与他的史学观、文学观是一致的。

---

① 《胡适留学日记》。

读《狱中七日记》

　　《狱中七日记》是美国人奥本斯的著作。奥本斯原是纽约州州长，后迁为监狱改良委员会会长。他自愿入狱中与囚犯共同吃住了七天，这本书就是狱中七日的日记。

　　胡适认为此书"所记多无病而呻之语，读之令人生一种做作不自然之感"[①]。在胡适看来，奥本斯以无罪之身自投入狱，他明明知道不会受到虐待，而且七天后一定会出来，所以他的感受不可能真实，就如同演员表演一样，如何能够自然真切？其实，这就牵扯到文学创作的源泉问题，只有来源于真实的生活才能是可靠的，而任何虚假的非生活化的想象都是不自然的。

[①]《胡适日记》，1915年9月7日。

当然，胡适不是一概否定本书的价值，而是告诉人们《狱中七日记》有一见解颇值得注意——推诚待囚，以养其自尊之心，鼓励其自治之力。虽然，奥本斯刚上任不久，其功绩未能取得明显效果，但试着去实行自己的见解，其探索之精神功不可没。

胡适列举了纽约监狱里的生活状况，认为美国狱中的情况比中国要好百倍，而美国人却仍不满意，千方百计地设法改良，从中可见美国对慈善观念的重视。

胡适还指出美国这一慈善观念有其成因，这与美国有健全的政府、良好的秩序、安定的生活等有关。在混乱的国家，政府腐败，法律不健全，人们的生命安全得不到保障，犯法者不知法为何物，良民的生命都朝不保夕，还有谁会去为罪犯着想，试着废除犯人的死刑呢？

读书自课

胡适对曾子十分喜欢，1915年，他在美国留学期间引用过曾子的几句话："士不可以不弘毅，任重而道远。仁以为己任，不亦重乎？死而后已，不亦远乎？"胡适对曾子的话赞叹不已，认为这句话具有非凡的魄力。

胡适是一个心怀远大抱负的人，他知道自己"任重道远"，要提早做好充分的准备。他为自己定下了三条规则，作为自己的座右铭。第一，必须有健全的体魄；第二，必须有不屈不挠的精神；第三，必须有博大高深的学问。胡适认为，这三点是相辅相成的，缺一不可。胡适似乎有着强烈的紧迫感，他勉励自己要坚持这三点，否则就是无法面对日月，也有愧于自身。

为了更好地实施自己的计划，胡适制定出更加细致的生活和工作程序。

第一，卫生。

每日七时起。

每夜十一时必就寝。

晨起做体操半时。

第二，进德。

表里一致——不自欺。

言行一致——不欺人。

对己与接物一致——恕。

今昔一致——恒。

第三，勤学。

每日至少读六小时之书。

读书以哲学为中坚，而以政治、宗教、文学、科学辅焉。

主客既明，轻重自别。毋反客为主，须擒贼擒王。

读书须随手作记。

胡适能从读书中得到启示，将曾子之言奉为楷模，并为自己制定出具体可行的计划，这是胡适读书能够活用的明证。更为重要的是，胡适在自己的每日课程表里突出了读书的重要位置。按胡适的作息时间，从早至晚共十六小时里，他"每日至少读六小时之书"，可见读书占去了胡适相当多的时间。哲学为中坚，说明胡适是将哲学当成自己的专业，而其他如文学为副业，说明胡适是将之作为修养与消遣看待的。在胡适看来，主与次不可颠倒，否则就是反客为主了。胡适曾在1914年11月16日的日记中记下自己读小说的感受，"昨夜读一小说……写此邦风土人物甚生动，深喜之。久不读长篇小说矣，以其费时也"。这说明，胡适恐怕一直苦于难以处理"主（哲学）、客（文学等）"的辩证关系，因此，他才在自己的时间表里特别强调要处理好"主客"二者的关系，不要"反客为主"。读书要养成随手做笔记的习惯，这也是胡适读书的特点之一。将读书时的一些要点，尤其是一些思想的火花记录下来，既可以加深对作品的认识，又可开动脑筋，充分调动读者的主观能动性和想象力，对作品进行再创造。否则，书确读得不少，然或是一知半解，或是随读随忘，或是成为书的仆从而亦步亦趋。

还需说明的是，胡适有着明确的自省意识，他读书也是这样，从不盲从，而是以自己的思想来甄别与判断，成为书的"主人"。最值得指出的是，1914年5月31日，胡适曾在日记中记下这样一段话："春色撩人，何可伏案不窥园也！迩来顿悟天地之间，何一非学，何必读书然后为学耶？古人乐天任天之旨，尽可玩味。"对胡适来说，这似乎是一条分水岭，在此之前，胡适好像只认得书的世界，换言之，书成为他的整个世界，而此时，他似乎一下子豁然开朗了，书之外还有一本更大的书，这就是"天地"，由天和地构成的这本大书尽可让人玩味。常言道，作诗时"功夫在诗外"。其实，读书亦然。一个人只在书中，他是不会读好书的，那势必成为一个书虫。只有走进书中，又能从书中走出，立足天地之间，放眼世界和人生，才能把书读明白。

师从杜威

  胡适早年就读于康奈尔大学文学系，大学毕业后，胡适即转入康奈尔大学研究生部，主修哲学课。当时的康大哲学系基本是"新唯心主义"，即"客观唯心主义"的天下。为了使自己的哲学体系更富说服力，这一派经常对实验主义的哲学体系展开大批判。而其批判的主要矛头是对着实验主义的中坚人物——当时美国实验主义的理论权威杜威。胡适与其他同学一样投身到这些辩论与批判之中。不过，尽管人们批判杜威，但对他却是十分敬重。

  胡适就是从此开始才认真阅读与学习杜威著作的。胡适曾回忆说："在聆听这些批杜的讨论和为着参加康大批杜的讨论而潜心阅读些杜派之书以后，我对杜威和杜派哲学渐渐地发生了兴趣，因而我尽可能多读实验主义的书籍。在1915

年的暑假，我对实验主义做了一番有系统的阅读和研究之后，我决定转学哥大去向杜威学习哲学。"①这真是一件有趣的事，胡适是从人们批判的对象中选择了自己的导师。

1915年秋，胡适转学到哥伦比亚大学哲学研究部，师从杜威教授，做了杜威的研究生。杜威是一个不善辞令的学者，但能当面聆听他的教诲，并与他商磋疑难，这使胡适深受教益。还值得一提的是，杜威夫妇有一个爱好，每月都要在自己的公寓约请一些朋友和学生聚谈，称之为"星期三下午家庭招待会"。这是一个家庭茶话会，人们可以畅所欲言，直陈己见，气氛融洽而热烈。胡适对这个聚会非常喜欢，总是积极参加。在这个茶话会上，胡适不仅可以亲聆杜威的教诲，而且还认识了不少学术名流，这对开阔视野、提升境界有着相当重要的意义。直到晚年，杜威的家庭茶话会仍坚持进行着。胡适一生中家里总是高朋满座，他也愿意与客人在家中聚谈，这一点似乎可以从杜威的家庭茶话会上找到根源吧。

在胡适看来，杜威是个了不起的人物，他称杜威是"今日美洲第一哲学家""教师们之教师"。胡适曾谈到杜威对他的巨大影响，在读了一个暑假的杜威著作之后，"实验主义成了我的生活和思想的一个向导，成了我自己的哲学基

---

① 唐德刚译注：《胡适口述自传》，传记文学出版社1983年版，第91、92页。

础"[①]。胡适还曾表示，"我治中国思想历史的各种著作，都是围绕着'方法'这一观念打转的。'方法'实在主宰了我四十年来所有的著述。从基本上说，我这一点实在得益于杜威对我的影响罢"[②]。

杜威的实验主义最重要的是两个概念，一是实验室的科学态度；二是历史的态度。所谓实验室的科学态度，就是不承认世界上有绝对的真理，而认为一切的真理必须经过实验来证明，真理都是应用的假设，假设得真不真，完全看能否发生应有的效果。所谓历史的态度就是承认真理不是永恒不变的，它随着时间、地点和历史情境的变化而变化。总之，实验主义不过是科学方法在哲学上的应用。

胡适最佩服的杜威著作是《思维术》，尤其喜爱为一般学校和师范大学采用的那本薄薄的原版。胡适认为杜威的"系统思想五阶段"是很有价值的。第一阶段是思想的前奏。这是一个困惑的阶段，有惑才能思解之。第二阶段是寻找困惑点，即进一步确定何谓疑惑。第三阶段是假设解决困惑疑难的方法。第四阶段是从多个疑难假设中选择最适宜的一个。第五阶段是对大胆的假设进行小心的求证。显然，胡适的研究方法就是杜威之思想方法。他自己也表示，"杜威对有系统思想的分析帮助了我对一般科学研究的基本步骤的

① 胡适：《藏晖室札记·自序》。
② 唐德刚译注：《胡适口述自传》，第94页。

了解。他也帮助了我对我国近千年来——尤其是近三百年来——古典学术和史学家治学的方法"①。

在胡适之前，中国的学术研究主要是非科学的，也多是主观臆想式的，也因此产生了许多牵强附会的结论。胡适从美国回国后，将杜威的实验主义用于中国的学术研究，结果真有一扫学术界而开风气之先的盛况。比如，曹雪芹的《红楼梦》研究，学术界一直以索隐派为主。这一旧红学派的最大不足是"他们不去搜求那些可以考订《红楼梦》的著者、时代、版本等等的材料，却去收罗许多不相干的零碎史事来附会《红楼梦》里的情节。他们并不曾做《红楼梦》的考证，其实只做了许多《红楼梦》的附会"②。胡适一开始就立足用科学的方法来考证《红楼梦》，得出了许多富有真知灼见的结论，从而开创了新红学研究的先河。可以说，至今的《红楼梦》等古典小说研究也未能从根本上超越胡适的研究方法。

---

① 唐德刚译注：《胡适口述自传》，第96页。
② 胡适：《〈红楼梦〉考证》。

夏德教授慷慨借书

胡适从康奈尔大学文学系毕业后，转到哥伦比亚大学哲学系，此时他主修哲学，次修政治理论和汉学。这两门课都是胡适喜欢的，实际上，胡适的一生都没有放弃对这两门课程的浓郁兴趣。对胡适来说，汉学教授夏德先生对他的影响最大，二人关系也最为密切。

夏德先生是哥伦比亚大学第一位专门研究汉学的教授，他的学术造诣很高，代表著作《中国上古史》《中国与东罗马交通史》深受学术界好评。但由于招不到学生，夏先生常常感到苦恼。胡适主动选修他的课程，夏先生非常高兴，尤其当他了解胡适汉学的深厚功力后更是一见如故，真有相见恨晚之感。夏先生还邀请胡适到家里做客，并将他的朋友、学生都介绍给胡适。

令胡适感动的是，夏教授带着胡适参观了他协助建立的哥伦比亚大学中文图书馆。这个图书馆里最值得骄傲的是一部全套《古今图书集成》，这部书共有一万卷，五千零四十四册，约一亿字，可谓蔚为大观。更令胡适感动的是，夏教授还将他的中文典籍的全部收藏拿给胡适欣赏，并答应让胡适随便使用他的藏书。

在美国留学期间，胡适下苦功夫研究诸子著作，但苦于国外的中国典籍较少，即使有也难以见到，所以胡适有时非常苦恼。他的许多书都是国内的朋友为他寄来的，有的还是笔抄下来的。在哥伦比亚大学，能遇上夏德教授这样慷慨无私、愿意向他敞开藏书的人，胡适真是受宠若惊。这既表明了夏先生与胡适的私人交情，又反映了书籍和文化的广泛性与世界性。

夏教授的高尚境界对胡适影响很大，直到晚年，胡适对此还念念不忘。我们认为，胡适为人热情、慷慨好义等品行恐怕也多少与夏教授有关系。

读词偶得

　　一般说来，学习古代诗词的人有各种各样的方法，但概括起来，不外乎两种。对那些读过私塾的人来说，他们基本走了一条死记硬背的路子。这种方式的优点是有些作品往往背得很熟练，出口即可成诵，但不足在于内容不求甚解，难以做到举一反三。大多数人尤其没有读过私塾的人的学习古典诗词的方法，恐怕还是拿来一本集子，先解、后读、再背。其选择也往往以喜爱与否为标准。总之，整个学习过程中，贯穿着一条"随意"的线索。这种方法的优点就是凭借着兴趣学习，但也有其缺点，即效率不高，往往前学后忘，即使背过的诗词在心里也难成体系，作家间的风格差异也不容易区分开来。

　　胡适在美国留学期间创出的一种读词的方法很有特点，

值得喜爱读词的人借鉴。这种读词法，胡适称之为"逐调分读之法"。具体说来，就是每调选读若干首，一调读完后再换读他调。每读一调，必须将同调的各首相互比较，寻找其多种变化与独特之处，并从中体味其创造性。如此读来，就容易领略词的复杂性和作家的特点，找到词的内在规律，达到举一反三、事半功倍的效果。

胡适以辛弃疾的《水调歌头》为例说，辛弃疾一人就做了三十五阕，而其中的变化又相当多，弄懂其中的变化会使初学者受益匪浅。

胡适进一步举例说明辛弃疾此调中共有八韵，在不同的韵中字的多少与排列又有较大的差异。比较体会，肯定会受到不少启发。

1. 如第一韵与第四韵及第八韵中，都是十字两截，有的排而有的则不排。

（1）排者有：

文字起骚雅，刀剑化耕蚕。
莫射南山虎，直觅富民侯。

（2）不排者有：

落日塞尘起，胡马猎清秋。

> 季子正年少，匹马黑貂裘。
>
> 长恨复长恨，裁作短歌行。
>
> 四坐且勿语，听我醉中吟。

2.如第二韵与第六韵中，都是十一字，或上六下五，或上四下七。

（1）上六下五有：

> 何人为我楚舞，听我楚狂声？
>
> "悠然"政须两字，长笑退之诗。
>
> 池塘春草未歇，高树变鸣禽。
>
> 而今已不如昔，后定不如今。

（2）上四下七有：

> 平生丘壑，岁晚也作稻梁谋。
>
> 君如无我，问君怀抱向谁开？

3.第三韵与第七韵中，均为十七字，分三截：首六字，次六字，又次五字。

（1）三截一气不断者有：

凡我同盟鸥鹭，今日既盟之后，来往莫相猜。

闻道清都帝所，要挽银河仙浪，西北洗胡沙。

（2）一、二截两读相排，三截收结者有：

襟以潇湘桂岭，带以洞庭青草：紫盖屹西南。

试问东山风月，更著中年丝竹：留得谢公不？

余既滋兰九畹，又树蕙之百亩：秋菊更餐英。

悲莫悲生离别，乐莫乐新相识：儿女古今情。

鸿雁初飞江上，蟋蟀还来床下：时序百年心。

闲处直须行乐，良夜更教秉烛：高会惜分阴。

百炼都成绕指，万事直须称好：人世几舆台！

（3）前两截为对峙语词，而下五字为止词者有：

都把轩窗写遍，更使儿童诵得，"归去来兮"辞。

（4）首截叙一事，后两截合叙一事者有：

谁唱黄鸡白酒？犹记红旗清夜，千骑月临关。

须信功名儿辈。谁识年来心事，古井不生波。

（5）首截总起，后两截分叙二事者有：

却怪青山能巧：正尔横看成岭，转面已成峰。

4.第五韵中，九个字分成三截。

（1）九字一气呵成者有：

为公饮须一日三百杯。

孙刘辈能使我不为公。

功名事身未老几时休？

今老矣搔白首过扬州。

看使君于此事定不凡。

一杯酒问何似身后名？

我怜君痴绝似顾长康。

（2）九字分三优读者有：

唤双成，歌弄玉，舞绿华。

醉淋浪，歌窈窕，舞温柔。

欢多少，歌长短，酒浅深。

（3）上三字起，下六字分二优读者有：

断吾生，左持蟹，右持杯。

笑吾庐，门掩草，径封苔。

少歌曰："神甚放，形则眠。"

（4）上六字分两伉顿，而下三字收之者有：

耕也馁，学也禄：孔之徒。

胡适使用科学的方法来读书，他看透了词表面的混杂，也舍弃了词的意义探求，主要分析词的结构方式、组合方式。如此，辛弃疾的词无论怎样变化，也难以跳出这些程式。

胡适的"逐调分读之法"注意将表面看似毫无联系的东西联系起来，在依据原始材料的基础上，充分调动自己的主观能动性和创造力，寻找事物自身的内在规律。这是一种客观性与主观性相结合的读书方法，与那种过于依赖书本和过于发挥自己的随意性的方法有着本质的区别。

东西传记文学之差异

　　在漫长的读书生活中，传记文学是胡适喜欢的体裁样式之一。不仅如此，胡适还倡议名家写自传。他曾请林长民、梁启超、梁士诒写自传，结果不承想传还未写，人已作古。胡适还请蔡元培、张元济、高梦旦、陈独秀、熊希龄、叶景葵写自传，要他们能为中国的历史和文学留下宝贵的材料。为了掀起人们写传记的热潮，胡适更是身体力行，完成了《胡适自传》。

　　何以胡适如此热心传记文学的写作？大概原因有二：一是中国的传记文学比较缺乏。胡适曾说："我在这十几年中，因为深深的感觉中国最缺乏传记的文学，所以到处劝我的老辈朋友写他们的自传。"至于传记在中国文学中不发达的原因，胡适认为这既与中国没有崇拜伟大人物的风气有关，又与中国的忌讳较多相关，更与中国文字上的障碍有关。二是传记文学的可读性可信性。胡适说："我很盼望我们这几个三四十岁的人的自传的出世可以引起一班老年朋友的兴趣，可以使我们的文学里添出无数的可读而又可信的传记来。"[①]传记文学是以生活中的真实事件为基础的，生活本身往往最可靠也最富有真情实感，人们读传记文学就会有身临其境的感觉。

在胡适看来，中国传记文学的落后是与西方传记文学的先进比较而言的。与西方传记文学相比，不只中国，整个东方的传记文学发展也有待改观。针对东西传记文学的差异，胡适做过认真的比较，他认为我国的传记主要是传人的人格，而西方的传记则在传人的人格外，又传人的人格进化发展的历史。

就体例来说，东方传记往往写到两点，一是人的生平事略，二是用一二小节来写人的人品。如《项羽传》用"垓下之围"写项羽的悲壮气概。而西方传记则从多角度来表现，主要包括家世、时势、教育经历、朋友、生活经历、事业情况、琐事、对别人的影响等。西方近代比较典型的传记有鲍斯威尔的《约翰生传》、洛克哈特的《司各特传》、穆勒的《自传》、斯宾塞的《自传》，这些传记所具备的特点往往

---

① 胡适：《四十自述·自序》。

是东方传记所不具备的。

正是因为东方传记的简略，所以一般都比较短，像司马迁的《太史公自序》、王充的《自纪篇》、江淹的《自叙传》都是这样，其中最长者为王充的《自纪篇》也不过数千字，与斯宾塞的《自传》三大本相比，仍相去甚远。所以，胡适指出东方传记的缺点有四：一是太略。二是作传太易，对人了解不深不透，如何能写出生动可感的传记？三是不可信，因依据的多是官书。四是有静而无动，人们就难以看出传主发展变化的线索。当然，胡适也强调东方传记并非一无是处，它也有优点。一是在简短的文字中即可将一个人的性情表现出来；二是节省读者时间，不需用去很长时间即能知其传主情况。

且在胡适看来，西方传记就可弥补东方传记的不足，一是可了解传主人格发展变化的轨迹。二是因为事多且细，读之如听人谈论，可得亲切二字。往往优点从另一角度看即是缺点。胡适又说，西方传记有时过于烦琐，做研究好，但个人读之则过长。琐事过多，往往没有重点，失之于滥。显然，对东西传记文学做如此之系统全面而又令人信服的比较研究在那时还不多见，就如有的学者指出的，"这样的比较研究无疑是很有价值的，胡适恐怕也是国中第一人做这种比较研究的'有心人'"①。

　　胡适在写自己的《四十自述》时，原来准备注重趣味与生动性，用小说的笔法来写，但写到后来，他却改为用历史的叙述方法来写，这不能不说与胡适的重史实、讲考证的治学作风有关。正是在此意义上，胡适强调自传的真实与细致，也基于此，胡适比较喜欢西方的传记而对中国的传记表示不满。胡适还列举了中国近代历史上可以作传的重要人物，鼓舞人们为他们作传，以表达自己对中国传记文学美好前景的期盼心情，他一度表示说："远一点的如洪秀全、胡林翼、曾国藩、郭嵩焘、李鸿章、俞樾；近一点的如孙文、袁世凯、严复、张之洞、张謇、盛宣怀、康有为、梁启超，——这些人关系一国的生命，都应该有写生传神的大手笔来记载他们的生平，用绣花针的细密功夫来搜求他们的事实，用大刀阔斧的远大识见来评判他们在历史上的地位。许多大学的史学教授和学生为什么不来做点实地训练，做点实际的史学工夫呢？"②

---

① 胡明：《胡适传论》（上），第251页。
② 胡适：《〈南通张季直先生传记〉序》。

中国古代亦有"白话诗"

为了确立白话诗的合法地位，胡适除了自己做白话诗外，还从中国古代诗歌中寻找白话诗。只不过这些白话诗不是用自由的句子，而是用律诗的形式表现出来而已。

1.胡适首先发现杜甫也有白话诗，而且还不少。他举出两首诗。

（1）每恨陶彭泽，无钱对菊花。如今九日至，自觉酒须赊。

（2）漫道春来好，狂风大放颠。吹花随水去，翻却钓鱼船。

2.胡适认为宋人也有白话诗。他指出惠洪的《冷斋夜话》记载苏东坡在凤翔时看见壁上有诗。

> 人间无漏仙，兀兀三杯醉。世上没眼禅，昏昏一觉睡。虽然没交涉，其奈略相似。相似尚如此，何况真个是。

3. 胡适认为王阳明也做了很多白话诗。他举出下面的例子。

> （1）山近月远觉月小，便道此山大于月。若人有眼大如天，还见山小月更阔。

（《蔽月山房》）

> （2）桃园在何许？西峰最深处。不用问渔人，沿溪踏花去。
>
> 池上偶然到，红花间白花。小亭闲可坐，不必问谁家。
>
> 溪边坐流水，水流心共闲。不知山月上，松影落衣斑。

（《山中示诸生》）

> （3）天池之水近无主，木魅山妖竞偷取。公然又盗山头云，去向人间作风雨。

（《夜宿天池，月下闻雷。次早知山下大雨》）

（4）四十余年睡梦中，而今醒眼始朦胧。不知日已过亭午，起向高楼撞晓钟。起向高楼撞晓钟！尚多昏睡正懵懵。纵令日暮醒犹得：不信人间耳尽聋。

（《睡起偶成》）

（5）个个人心有仲尼，自将闻见苦遮迷。而今指与真头面，只是良知更莫疑。人人自有定盘针，万化根源总在心。却笑从前颠倒见，枝枝叶叶外头寻。

无声无臭独知时，此是乾坤万有基。抛却自家无尽藏，沿门持钵效贫儿。

（《良知》）

（6）人人有路透长安，坦坦平平一直看。尽道圣贤须有秘，翻嫌易简却求难。只从孝弟为尧舜，莫把辞章学柳韩。不信自心原具足，请君随事反身观。

（《示诸生》）

（7）饥来吃饭倦来眠，只此修行玄更玄。说与世人浑不信，却从身外觅神仙。

（《答人问难》）

之所以将这些诗都录下来，出于几种考虑。一是胡适将之抄录下来，想是他非常喜欢。二是这些诗平白通俗，如同白话，明白晓畅，真属于胡适所称的白话诗。如此白话诗，就如同说话一样，仿佛不是严格意义上的诗。三是这些诗实属上品，看似平淡，但淡中有味。尤其王阳明的诗，处处可见一种明心、慧心，佛性使然，时时洞悉，处处清明。

当然，这些诗也反映了胡适的诗歌观、文学观，胡适追求的是自然晓畅，淡中意味无穷。而相对说来，胡适反对佶屈晦涩之作，更反对宣传、卖弄、阿谀之作。

胡适始终认为，明代的诗不在七子，也不在复社诸人，而在唐伯虎、王阳明一派。清代文章不在桐城、阳湖，而在吴敬梓、曹雪芹、李伯元、吴趼人等人，"此惊世骇俗之言，必有闻之而却走者矣"①。今天看来，胡适以这些作家为正宗好像不足为奇，而在20世纪之初能以正宗为非，以非正宗为是，这是相当不易的，这反映了胡适独特的价值观和较高的审美境界以及较强的鉴赏能力。比如《红楼梦》，在今天人人知其为中国文化的经典之作，而在中国古代，小说被视为旁门左道，难登大雅之堂，有人甚至视之为淫书、禁书。胡适能独具慧眼，将之提高到较高的地位，这是相当可贵的。

胡适还指出，"公安派"中的袁宏道也是属于白话派中人。他举出袁氏两首诗为证。

（1）一日湖上行，一日湖上坐；一日湖上住，一

---

① 《胡适日记》，1916年9月5日。

日湖上卧。

（《西湖》）

（2）无端见白发，欲哭翻成笑。自喜笑中意，一笑又一笑。

（《偶见白发》）

这两首袁宏道的诗亦令胡适喜不自禁。诗中不仅得闲散适意之气韵，而且更有洞明通脱之智趣，如听高人谈天说地，亦似聆仙人弹琴鼓瑟。

胡适曾表示，"曾毅《中国文学史》引此两诗，以为鄙俗，吾则亟称之耳"[①]。由此，我们就容易理解胡适读书的审美眼光了。

---

① 《胡适日记》，1916年9月5日。

从中国选取"两册书"

朝河贯一先生曾告诉胡适说，英国的书贾丹特准备出版一套"人人丛书"，来信询问朝河先生。朝河先生劝丹特丛书也应该包括中日两国。所以，丹特答应丛书中加进中国与日本名著五册，其中两册为中国书籍，而日本三册。胡适对此表示遗憾，中国悠久的历史文化好书何止千万，如何连日本也不如？仅仅两册？可见，西方对中国文化偏见之深。

尽管如此，胡适仍然答应接受这一任务，因为在胡适看来，此为大好事业，可以起到教育的功效，可以为传播中华民族的优秀文化略尽微薄之力。

胡适选择这两册书，一为儒家经典，二是非儒家经典。

儒家经典包括三种书，《诗经》、四书和《孝经》。胡适非常重视《诗经》，认为最好此书能单独成册，而与其他两本并放一册之中，则容易失其独特之处。

非儒家经典包括五本书：《老子》（全）、《庄子》（内篇）、《列子》（第七篇：《杨朱篇》）、《墨子》（选）及《韩非子》（选）。这里，胡适显然重视《老子》，所以将它全部选入非儒家一册。

胡适这个选目显然重文学与哲学，而不重历史，在胡适看来，某种程度上说，《诗经》与《老子》是中国文化的象征。

其实，早在1915年胡适在绮色佳（现多译为"伊萨卡"）时，散仆生（Prof·M.W·Sampson，即桑普森）先生曾劝他编选中国传统文化的精品，但那时胡适没有答应。胡适的理由是那时自己还人微言轻，不足以起到示范的作用。

朝河贯一先生讲丹特所答应的每页给稿酬仅仅五十钱，而这点儿钱仅够打字费。朝河先生的意思是除了五十钱一页外，另给打字费。朝河先生说，如果丹特先生同意，他就通告胡适。胡适直接表示赞同。

由于各种原因，胡适最后未能完成此项任务，他在1917年6月27日的日记中记道："此事后来竟无所成，我甚愧对朝河先生。"

读厄克登给媚利的书信集

　　胡适在美国留学期间，读书甚杂，其中的许多书都来自书摊。那是1917年初春，胡适在一个旧书摊看到一本书，书中收集了英国的厄克登（即阿克顿）勋爵（Lord Acton，1834—1902）寄给格兰斯顿的女儿媚利的书信。厄氏是19世纪英国博学多闻者第一人，他最擅长史学研究，后来，他成为剑桥大学史学院的院长。媚利后来成了朱鲁夫人。

　　有意思的是，厄氏有"蠹鱼"之绰名，因为他虽然博学，但却不喜著述。所以，厄克登写的书很少。厄氏原计划写《康桥近世史》，但最后未能写成，而被别人完成了。厄氏打算写的《自由史》也是终生未能如愿。朱鲁夫人戏称厄克登是"将来之圣母"。

　　文学家詹姆斯（Henry James）曾有一本小说，名叫

《将来之圣母》。书中写一画家得到一个美女，他将这美女看成一个"圣母"，整天观赏她就是不肯下笔，这样时间很快过去了二十年，画家仍是没有下笔。这时美女已经老了，而画家的画技也失去了，画家在遗憾中投笔而死。

正是出于对厄氏近于传奇式人物的兴趣，也是出于对朱鲁夫人"将来之圣母"这一有趣的称呼，胡适毫不犹豫地买下了这本书。

回到寝室，胡适迫不及待地阅读这本书信集，在1917年3月27日《胡适日记》中他这样写读此书的感受："然吾读此诸函，论英国时政极详，极多中肯之言。虽在异城，如亲在议会。其关心时政之切，其见事之明，皆足一洗其'蠹鱼'之谤矣。""人言格兰斯顿影响人最大，独厄氏能影响格氏耳，其人可想。"在胡适看来，厄克登虽不著书，但他并不是徒有虚名，而是见解独特，令人佩服。

这里，胡适就向人们提出一个问题，即书与人的关系问题。一般意义上说，书是一个人学问和水平的标志，书多即是表明此著书者的博学与多识，反之，则不足道矣，即使有名也是徒有虚名，人们会叫他"蠹鱼"。正因为这种世俗的观念，长期以来，人们只看人之"表"而不重人之"里"。其实，一个人著作等身，且其中多有力作，这固然是相当有意义的事，但仅有一书可影响后世者亦无可厚非。历史上有许多胸有万卷书、心怀大智慧者也只留下一书而已。如老子，不过留下一本《道德经》，然而，又有谁会否认他的历史地位与价值意义呢？看来，问题的关键还不在于著作的多少，而在于其优劣。另外，如果不把"经济问题"考虑在内，仅从读者心态角度思考，那么，用其一生不间断地写书，作者无疑是一台印刷机，自由读书的乐趣难以享有，其间的辛苦自不待言。而不以著书为目的，博览天下好书、奇书，其乐真是无穷！一旦自己有了著书立说之兴趣，将一生所学、所思录成一册，留给后人，其意义难道不比"印刷机"大得多吗？

"我几乎要羞死了"

　　在经过美国社会七个年头的熏陶之后，胡适告别了美国，于1917年又回到了曾给他生命、母爱的祖国。七年前，他还是个孩子，而如今，他已长大成人，更重要的是，他已满腹经纶，学业有成。带着一种美好的愿望，胡适回国后，首先对中国社会的历史现状进行了认真的考察。出乎意料的是，中国社会满目疮痍，不堪入目。比如，中国的卫生太差了，由芜湖至绩溪的几天路程中，什么东西都不能吃，脏得无法形容，胡适只有靠吃鸡蛋度日，"早上吃两个蛋，中午吃三个，晚上吃两个，别的东西不敢吃"①。

　　最让胡适不满的是中国学术文化界的落后与腐败状态。

---

① 《胡适之先生晚年谈话录》。

胡适曾对上海的出版业做过仔细调查，发现上海的出版业简直不值一提，没有一点儿根基。以哲学为例，"不料这几年中国竟可以算得没有出过一部哲学书。找来找去，找到一部《中国哲学史》"。然而，这部哲学史又是非常粗劣的，因为王阳明在其中占了四页，而《洪范》则占了八页。还有一部"韩非子精华"，但其中删除了《五蠹》和《显学》，那就成为"韩非子糟粕"。文学图书只有王国维的一部《宋元戏曲史》有价值，又有一本《中国妇女文学史》，但其中苏蕙的回文诗就占去了六十页。梁启超的《饮冰室丛著》中有《墨学微》，结果这还是梁先生十多年前的旧作，其中未改动一字。胡适认为，他只看到一部值得一读的好书，这就是《中国外交史》。可以说，1917年的上海出版界死气沉沉，没有一点儿生气。相反，倒是萎靡之风倡行，什么下流货都抛出来了。对此，胡适非常痛心，他说："我看了这个怪现状，真可以放声大哭。如今的中国人，肚子饿了，还有些施粥的厂把粥给他们吃。只是那些脑子叫饿的人可真没有东西吃了。难道可以把《九尾龟》《十尾龟》来充饥吗？"①

　　胡适还调查了上海的外文书，尤其是英文书。但状况与中文书一样，大多是些老书，新一些的书就很少有。即使是这样的书，与西方新的思想新的观念也没有关系。胡适接

---

① 胡明：《胡适传论》（上），第317、318页。

着谈到日本东京善丸书店中近几年的新版书几乎都有。胡适
将中国上海与日本东京善丸书店的售书书目比较后，感叹地
说："我几乎要羞死了。"

数千年的中国文明古国哪里去了？数千年的读书热哪
里去了？世界已经发生了翻天覆地的变化，而中国却仍在如
蜗牛般地爬行，没有丝毫的改变。在中国新文化光辉到来之
前，胡适对中国出版业的黯淡景象非常担心，决心改变之，
使其发生根本性的变化。

与钱玄同辩论中国旧小说

　　还是在中国新文学革命之初的1917年，胡适在美国留学时曾与钱玄同通信讨论中国旧小说的优劣和价值意义。其中既反映了胡适对中国传统文化尤其是对中国旧小说的看法，又反映了胡适的文学观和文学鉴赏力，还反映了胡适的怀疑性思维方式。

　　钱玄同曾说，到近代《聊斋志异》等书简直是全篇不通。胡适不同意钱玄同的看法，认为钱氏的结论似乎太过武断，不能令人信服。其实，在我国的札记小说中，从文法角度观之，《聊斋志异》还不能说"全篇不通"。

　　钱玄同否定神怪小说的价值，认为其荒唐不经。而胡适则认为，神怪之荒唐，但在文学中仍有其价值，其功用在于可以启发读者的理想。胡适举《西游记》为例说，虽本书纯属无中生有，但读之令人乐而不疲，其原因就在于荒唐中有情思，诙谐中有庄意。胡适认为仅凭开卷八回即可将《西游记》视为"在世界神话小说中实为不可多得之作"，"似未可与《封神传》相提并论也"。

钱玄同否定《三国演义》的价值，认为它与《说岳全传》一样不足为道。胡适则提出完全不同的观点，认为将此二书并举是不公允的，"《三国演义》在世界'历史小说'上为有数的名著"。虽然书中也有不足之处，比如肯定蜀汉君臣而否定曹操。但书中对曹操形象的艺术把握具有很高的价值，书中对三国复杂的事件能够从容展开，使妇孺皆知，也表明作者的大才能。胡适说，从这些方面看来，《三国演义》如何能与《说岳全传》《薛仁贵》《狄青》等书同日而语？

钱玄同认为，《水浒传》《红楼梦》《儒林外史》《官场现形记》《孽海花》《二十年目睹之怪现状》六部小说的价值在于其思想内容。而胡适则认为，此六部小说的内容固然有其价值，但不可忽视的是小说的结构，"结构不能离内容而存在"，"然内容得美好的结构乃益可贵"。胡适举例说，《二十年目睹之怪现状》在同类体裁中之所以能鹤立鸡群，就是因为此书以"我"为主人公，而将书中各不相属的材料穿连起来，使之浑然一体，深得结构的功用。这是同类作品所难以达到的。同样，《孽海花》也是反映近年的历史事件的，与《二十年目睹之怪现状》基本是大同小异，但它何以不佳？只因布局太牵强，材料太多，未有良好的结构。

胡适还提到《镜花缘》一书，认为它是我国倡导女权主义的佳作，寓意甚远。而钱先生没有提及这本书，胡适希望此书能引起钱玄同的注意。

钱玄同与陈独秀对《金瓶梅》多赞词，胡适说他"殊不敢赞同"。胡适将《金瓶梅》斥为一本描写全是兽性肉欲的书，对社会风气有极恶劣的影响。胡适还认为，"此种书即以文学的眼光观之，亦殊无价值"。胡适的理由是文学的第一要素是美感，而《金瓶梅》是没有美感而言的。同样，对苏曼殊的小说，钱、陈二人也多有褒扬，胡适则不以为然。他说他在上海曾细细读之，觉得不好。如《绛纱记》一书，胡适认为如《金瓶梅》一样"全是兽性的肉欲"，而其中的许多材料是无关系的硬性拼凑，更直言苏曼殊的《焚剑记》"直是一篇胡说"。

胡适与钱玄同对中国旧小说的看法有较大出入，与钱氏以小说的思想内容为评判标准不同，钱玄同认为《西游记》《聊斋志异》等中国的志怪神异小说没有什么价值，甚至认为简直"全篇不通"。而胡适则站在文学作品结构和艺术理想的角度认为中国的神怪志异小说有着不可忽略的价值。在评论中国旧小说时，胡适显然比钱玄同更全面，也更贴近文学特性本身，其观点也是令人信服的。

易卜生主义

胡适一直喜爱读易卜生的剧本，常常沉醉其间。如1914年8月9日，胡适在日记中写道："昨日读易卜生名剧《海妲传》，极喜之。此书非问题剧也，但写生耳。海妲为世界文学中第一女蛾，其可畏之手段，较之萧氏之麦克伯妃但有过之无不及也。"

1918年，胡适写了一篇《易卜生主义》，专门谈他读易卜生剧本的体会，也是中国全面介绍易卜生的开始。

胡适肯定的主要是易卜生文学创作的根本方法，认为虽不能说易卜生早年和晚年的著作都是写实主义的，但他全盛时期的著作则是写实主义的。胡适非常赞赏易卜生给朋友信中的一句话，"我作书的目的，要使读者人人心中都觉得他所读的全是实事"。胡适认为，人生的最大病根在于不愿意睁开眼睛看看世间的真实状况，明明是官场腐败、道德沦丧、是非不明，却非要歌功颂德，粉饰太平。易卜生的长处，只是他肯说老实话，在于他能将社会上的各种腐败丑陋的现象抖出来给大家看看。易卜生并不是乐于说出社会的丑陋，而是不得不说，不能不说。

易卜生首先从家庭角度来说自己的老实话。胡适指出，易卜生笔下的家庭是不堪入目的，家中有四种恶德：一是自私自利，二是依赖性和奴隶性，三是装腔作势的假道德，四是怯懦的性格。这几点在《玩偶之家》和《群鬼》中都有反映。之所以在如此恶浊的环境中，人们还能生活其中，就是因为人有两个弱点：好面子和性情懦弱。

胡适最赞赏的还是易卜生为我们指出社会中的三种大势力。这三大势力包括法律、宗教和道德。就法律来说，它是好的，因为它无偏私，可以保护正义。但它又会是不好的，因为它是死板的条条框框，不通人情世态。因此，法律有时也成为被恶人利用来欺压良善的工具。就宗教来说，易卜生心目中的宗教已失去了那种感化人的灵魂的力量，天长日久，它就变成了毫无生气的仪式与信条。胡适评论说："宗教的本意，是为人而作的，正如耶稣说的，'礼拜是为人造的，不是人为礼拜造的'。不料后世的宗教处处与人类的天性相反，处处反乎人情。"《群鬼》中的那个牧师就是一个"条文式"的牧师。就道德说来，胡适赞同易卜生的观点，认为所谓的道德，不过是些陈腐的习惯，合于社会习惯者为道德，而不符合者则为不道德。所以，在胡适看来，"这种不道德的道德，在社会上，造成一种诈伪不自然的伪君子。面子上都是仁义道德，骨子里都是男盗女娼"。胡适举出易卜生《社会栋梁》中的"褒匿"，他被称为"全市第一个公民""公民的模范""社会的栋梁"，而实际上却是一个有了奸情最后还要栽赃到自己的兄弟身上，并欲杀人灭口的家伙。

易卜生关于个人和社会的关系也是胡适感兴趣的话题。易卜生认为，社会对个人的损害最大，往往用强力损害人的个性，压制人的自由精神。社会似乎在对个人说："你们顺我者生，逆我者死；顺我者有赏，逆我者有罚。"如此，个人哪能摆脱被社会奴役的命运呢？个人在社会中，久而久之也就习惯了，也就把专制和黑暗的社会当成自己的安乐窝了。在这里，胡适常举易卜生的《雁》《国民公敌》来作说明。

在胡适看来，易卜生的价值不在他对这个社会的全面抨击上，而在于他的抨击下面总是含着一种建设，因为易卜生不是一个消极主义者，而是一个积极进取主义者。既然社会如此专制地扼杀人的个性，那就发展人的个性，所以易卜生笔下才能出现离家出走的娜拉，一个没有个性的"小鸟"和"宠物"从此有了自己的个性和自由的天地。尽管以后她的路可能很长，也可能更艰难，但她毕竟从无个性走到了有个性。那么，怎样才能发展自己的个性呢？胡适认为有两个条件，一是要有自由的意志，二是要肯负责任。一个国家，如果没有自由的选择精神与对自己的行为负责的责任心，是不可想象的。胡适在此还打了形象的比喻，大意是，社会国家如果没有自由独立的人格，就如同酒里少了酒曲，面包里少了酵母，人身上少了脑筋，那种社会是不可能有希望的。

　　胡适读易卜生不是从艺术形式方面着眼，而是注重易卜生的"主义"和"方法"，注意他对社会、国家的改良与纠偏。胡适与一些书斋作家、逍遥自适的作家不同，他虽是一位自由意识较强的作家学者，但他对社会、国家、人类有一种强烈的使命感与忧患意识，一直在寻找救中国出水深火热的一剂良药。然而，他努力的身影是孤独的，他呐喊的声音是微弱的。

　　胡适读书很少为了自己的玩味，在某种程度上也并不是一种生活方式，而是一种人生探求，一种救国救民的方式。在胡适看来，救国救民的道路有多种，而书可以丰富国人的知识，提高国人的见解，陶冶国人的性情，锻造一个有个性有自由精神的国家。胡适一生酷爱读书，也鼓励别人多读书，还为国人尽量创造读书的条件，这都与他的读书理想有关。

最值一读的自传

　　胡适与传记文学有不解之缘，他自始至终对传记文学都十分关注。1919年，他曾向青年人推荐了一本他认为最值得一读的自传，这就是沈宗瀚先生的《克难苦学记》。

　　沈先生1895年出生在江南一个农村绅士的大家庭，分家后，沈先生家境每况愈下，到后来连温饱也难以维持。沈先生家每日三餐中要搭配一顿泡饭，晚上点菜油灯，只用一根灯芯，并用打火石取火。尤其是沈先生十四岁考进余姚县一所高小学堂时，因为家里穷，他得到"寒额"待遇，学宿膳费都可免去。这样四年的学校生活中，他父亲给了他七十二元钱，这是父亲给他一生中的全部学费。

　　高小毕业后，沈先生的父亲让他参加工作挣钱以便养家糊口，而沈先生坚持要继续深造。沈宗瀚的父亲也是没有办法，他这样对儿子说："如吾有田，可卖田为汝升学；如吾未负债足以自给，吾亦可送汝升学。乃今债务未了，利息加重，必须每年付清利息。如无汝之收入，吾明年利息亦不能支给。奈何！"这里一个父亲为生活所迫，无可奈何的神情溢于言表，真是字字急切，句句血泪！难能可贵的是，在如此艰难的情况下，沈父并未坚持己见，而是继续挑起生活的重担，最后让儿子继续读书。这真是一个近情知意的父亲。

林语堂曾叙述了这样一个近情的父亲。一天，他接到女儿的一封信，信中说女儿要求父亲让她继续读书。父亲接到信后立即给女儿写了一封她表示不能继续读书的信，信中不外乎说家里经济紧张，没有钱再让她继续深造，等等。信正要发出去，父亲却突然改变主意，拿起笔来在信末又加上几句话，"女儿，你还是继续读书好了，钱的事我总可想法为你筹到，你不必为此事操心了"。林语堂认为，这就是一个近情父亲之所为。

同样的，沈先生的父亲开始是非常反对儿子再继续读书的，其言可谓已尽，但最后竟又同意了儿子的选择，并给儿子买了一只黄皮箱子。这真是一个明理而近情的父亲。

最激烈的一次父子冲突发生在1914年，沈先生的父亲坚决反对儿子到北京农业专门学校读书，这一次他老人家竟落下泪来，对儿子说："我将为经济逼死。你即使能毕业北京农业学校，你心安乎？"此次的父亲说话近于哀求，一副可怜的样子。儿子求学心切，不为父亲的哀求所动，最后还是毅然北上入北京农业学校读书。半月后，父亲来信说沈先生的母亲哭得吃不下饭，但父亲还是答应让儿子求学读书。听说儿子的棉衣是向人借的，人家要讨回去，父亲马上汇来四十银圆，让儿子买皮袍过冬。

这就是沈宗瀚先生的自传《克难苦学记》里讲述的大部分内容，读来令人感慨不已。

胡适当时在海外收到沈先生寄赠的这本自传，"当天下午我一口气读完了，就写信去恭贺他这本自传的成功"①。果然，这本书印出来不久即卖完，立即出了第二版。

胡适认为，沈先生的"克难苦学"中的"难"不仅是无钱求学之"难"，而是他抛弃那人人认为必须放弃学业、挣钱养家的做儿子的天职时内心的痛苦。无奈此时的沈先生已深受梁启超等人思想的影响，要"做新民，爱国家"，也受到王阳明和曾国藩的影响，立志要做一个对社会和国家有用之人。

可以说，胡适看到了《克难苦学记》在物质与精神上的双重克"难"，看到了在精神上的受难与超越远比在物质上来得沉重和艰辛。

胡适对这本自传的评价甚高，认为它是"近二十年来出

①《胡适书评序跋集》。

版的许多自传之中最有趣味、最能说老实话、最可以鼓励青年人立志向上的一本自传"[1]。

在胡适看来，沈先生的自传没有什么惊心动魄的事件，写的只是父子、母子、兄弟、亲戚、朋友间发生的一些生活琐事，其立足点也是写一个人、一个农村家庭、一个农村社会、几个学堂，但作者不夸张、不掩饰，而是老老实实地写来，说的都是老实话，从而能够打动人的灵魂。这种老老实实态度写出来的文字就是这本传记最有魅力的地方。这本自传虽是写个人的，因为真实的写作手法，所以它也成为中国社会历史、经济历史、宗教历史和教育文化历史的宝贵资料。正因此，胡适说他很郑重地向全国的青年朋友推荐这本自传。

---

[1]《胡适书评序跋集》。

《中国哲学史大纲》出版

　　20世纪初中国哲学史的写作面临着极大的困难，一是材料问题。就是说，若没有深厚的学术功力，所使用的材料就难以令人信服，必错处百出。二是形式问题。即是说，中国古代哲学研究没有系统的编著，这不得不依赖西方哲学方法。20世纪初叶的中国学者如果既有深厚的国学根基，又有西方系统新颖的研究方法，这是相当罕见的。所以，包括蔡元培在内的中国学者都感到研究本国哲学史苦于没有门径。

　　胡适出身于世传汉学的安徽绩溪，父亲又是功底深厚的学者，自少年开始，胡适便博览群书，经史子集无所不读。尤其是在美国留学的几年，胡适有数年专攻哲学，对中国国学更是如饥似渴地学习与研究。更为重要的是，胡适师从杜威等哲学大师，从而学习了崭新的研究方法。比如历史的方法、怀疑的精神，这都是中国旧式学者所不具备的。也正因此，在中国哲学研究一片苦闷的时候，胡适适逢其时地出现了。

胡适以自己的博士论文为主干，以北京大学的哲学讲义为依据，于1918年7月完成了《中国哲学史大纲》上卷。

当时蔡元培读了初稿后大为赞赏，激动不已，迫不及待地推荐给上海商务印书馆，很快地，1919年2月时这部书就出版了。

这部《中国哲学史大纲》上卷出版后在学术界引起强烈的震动，一时间人人争买、人人竞读，仅出版了两个月，就又再版；两年的时间，这本著作竟出了七版，这在中国学术史甚至在中国出版史上也是少见的。当时的北京大学师生几近人手一册，就是四川这样当时的偏地也"购者争先，瞬息即罄。读者谓《哲学史》一书，为中国哲学辟一新纪元"[1]。

何以一本哲学史能够引起这么大的反响？除了新旧交替之际人们向往与期待新事物的心态外，可能主要还是与著作本身的独特魅力有关。关于胡适《中国哲学史大纲》的价值意义，蔡元培先生曾在这本书的序言中总结了四大特长。一是证明的方法。就是说，对中国历代哲学家的生平、著作、思想等都进行了细致的辨别，以做到去伪存真，保存其原生

---

[1]《胡适来往书信选》（上），中华书局1979年版，第71页。

状态。二是扼要的手段。就是所谓"截断众流"的大手法。胡适把先秦的大半去掉不谈，直接从老子和孔子写起，从而避开了传说色彩较浓的时段，强调历史的真实性。三是平等的眼光。就是说，胡适不是如以往学者那样重孔子而轻其他诸子，而是对先秦诸子采取平等的态度，恢复他们的本来面目，不夸长、不护短、实事求是，用科学的方法分析诸子的是非得失。四是系统的方法。就是说，注重哲学家的师承关系和变迁历史，从而显示一部中国哲学发展演变的脉络与线索。另外，胡适的《中国哲学史大纲》还有形式上的创新之处，这一点也不可忽视。具体说来，有以下几方面。第一，胡适一扫前人的古文行文笔法，而改为白话行文和新式的标点符号，令人耳目一新，也适合了新时代读者的审美需要。这无疑向世人宣称，白话文不仅可以入诗、入文，也可以用来做国学研究。第二，有意去除旧式哲学家"我注六经"的治学方法，而改为"六经注我"，充分发挥作者的主观能动性，这无疑是一场具有革命性的突破。第三，为一些专有名词、概念等做英文附注，以便在科学范畴上达到中西文化的沟通与认同。第四，篇章后面还列有"参考书举要"，指点读者进一步求知的途径，启发人们通读原著的兴趣。有的时候，作者还专门附上一条参考意见，以便使读者能够深入地理解。如他在《别墨》第三章《论辩》一文章末附一建议，

"此外读者须先读一两种名学书"①。

由胡适这部具有经典意义的哲学史之写作和影响可以看出读书之重要性。一、如果没有胡适自始至终的博览群书的功夫尤其是对中国国学锲而不舍地学习和研究，他的哲学史是不可能完成的，即使写成，也恐是空中楼阁。由此，可想见受中国新文学影响较大而不重国学的学人先天之不足，尤其有些青年学者简直就没有认真读过国学书籍。如此，他们如何能够承担学术研究的重任？二、胡适不是一个保守者，他不只是读中国旧书，而是也读外国著作，并且外国著作各种门类无所不涉。这里值得提及的是胡适对西方哲学著作的阅读与钻研。可以说，没有在美国几年对西方哲学尤其是杜威哲学的学习、理解与吸收，胡适也不可能写出面目一新的哲学史。三、读书中"化"的问题。应该说，国学功底深厚，出国留学，并专攻哲学的中国留学生众多，胡适绝不是独一无二的，为什么只有胡适能够写出《中国哲学史大纲》这样的开山之作呢？其中重要的一点即是胡适读书的"化"。胡适并不是被书牵着走、一味读书的"书蠹"，而是以"我"为中心，充分调动自己的主观能动性和创造性。他在读书时往往也发现问题和解决问题。比如胡适对读过的许多旧小说都有深入的考证，有的甚至开一代学派，如

---

① 胡明：《胡适传论》（上），第420页。

"新红学"。可以这样说，胡适的读书生活往往有"点石成金"之貌，他总是用自己的"目光"将石头点化成闪亮的"金子"。

读《孙文学说》

　　孙中山是中国近代屈指可数的政治领袖，他的一本《孙文学说》在中国政治界和思想界都引起较大反响。胡适读到这本书时也深有感触，认为是一本很有价值的书。其中，对胡适触动最大也最深的是，孙文所倡导的要打破数千年来中国人心目中的"知之非艰，行之维艰"的观念，而让人们树立"行之非艰知之维艰"的信仰。

　　孙中山举出十个证据来说明"行易知难"的道理。一是饮食，二是用钱，三是作文，四是建屋，五是造船，六是筑城，七是开河，八是电学，九是化学，十是进化。从全书的内容安排来说，自第一章到第四章，分说十件事，证明人类有许多事是行一生一世也不知道其所以然的道理。可见，行之易而知之难。第五章总论知行。大意是讲，人类共可分为三类人，一是先知先觉的发明家，二是后知后觉的鼓吹家，三是最大多数懵懵懂懂的实行家。这是全书的主旨。其余以下第六章论"能知必能行"，第七章论"不知亦能行"，第八章论"有志竟成"。

胡适认为，《孙文学说》一书并不仅仅是阐述政党作用的书，它还是一部事关人生和生活的丛书。中山先生一生所受到的最大冤枉是，人们都说他是一个理想家，而不是实行家。胡适则认为，孙中山先生敢于制定一个"建国方略"，这就说明他是一个实行家。大多数的政客一听到孙中山的方略就逃走，将大胆的方略视为空谈，正说明这些政客的无知与浅薄。虽然孙中山的"革命方略"大半不曾实行，但责任主要不在孙中山，而在那些当时之政客。民国初年，好多人不相信他的计划即是例证。胡适还指出《孙文学说》的最核心观念是"知之则必能行之，知之则更易行之"。

总而言之，胡适将孙中山看成一个切实的理想家，他提出的许多理论都是切中中国时弊的，也是符合人类发展规律的。胡适承认，当时中国最大的危险是理想的实行太少，多在胡混，反而说计划为无用。然不知，没有计划，一切都是空的。

自评《尝试集》

　　1920年3月，胡适出版了自己的第一本诗集《尝试集》，这也是中国新文学的第一本诗集，在中国新诗史上具有开创的意义。

　　《尝试集》的诗歌创作大体上可分为三个时期。第一是留美时期。这时的诗歌偏于文言诗，但诗中明显透出旧体诗向新诗转变的痕迹。第二是从美国回国前后，即1917年前后。此时期作者有意识开始新诗实验。第三是北京大学任教时期，大约从1917年到1920年。此时期的诗歌风格渐趋固定，有的已较为成熟。这是《尝试集》中最重要的部分。

　　胡适曾在《〈尝试集〉自序》中谈到他出版《尝试集》的三点理由。一是白话散文取得了较大的成绩，但人们对白话诗仍表示怀疑，甚至有的人对白话诗完全持反对态度，胡适立志出一两种白话诗集，可供赞同与反对者参考。二是自己对白话诗的实验到底如何，很希望能得到人们的批评。三是将自己的"实验精神"奉献出来，倡导一种实验态度。胡适曾直言，"我的白话诗的实地试验，不过是我的实验主义的一种应用"①。看来，在理论上使人们明白白话诗的意义固然重要，但如果没有白话诗创作上的成功，那么，这种理论上的倡导也只是一种空谈。对胡适来说，如果《文学改良刍议》是从理论上倡导白话文学运动（包括新诗），那么，《尝试集》就是从实践上倡导白话新诗。

胡适对自己的诗多有褒扬，"我做白话诗，比较的可算最早"，"自此以后，我的诗方才渐渐做到'新诗'的地位。《关不住了》一首是我的'新诗'成立的纪元"②。《关不住了》是一首译诗，是这样写的：

> 我说"我把心收起，
>
> 像人家把门关了，
>
> 叫爱情生生的饿死，
>
> 也许不再和我为难了"。
>
> 但是五月的湿风，
>
> 时时从屋顶上吹来；

---

① 胡适：《逼上梁山》。
② 胡适：《〈尝试集〉再版自序》。

还有那街心的琴调，

一阵阵的飞来。

一屋里都是太阳光，

这时候爱情有点醉了，

他说："我是关不住的，

我要把你的心打碎了！"

与以往相比，这首诗确实有点儿不同，它完全打破了中国旧诗的格套与形式，而是采用自由的表达方式，有什么就说什么，每句诗的长短不一。另外，这首诗的音律与节奏非常好，极得自然之致。当然，诗中对真挚爱情和自由精神的大胆追求也是胡适喜爱的。之所以此诗有较高的水准，一方面因为它是译的一首外国名诗，另一方面也因为有胡适的自觉创造。

胡适对《尝试集》中的优秀白话诗做了归纳，他说："总结一句话，我自己承认《老鸦》《老洛伯》《你莫忘记》《关不住了》《希望》《应该》《一颗星儿》《威权》《乐观》《上山》《周岁》《一颗遭劫的星》《许怡荪》《一笑》——这14篇是'白话新诗'。"①

1936年，胡适对这本诗集还有过这样的评述："《尝

----

① 胡适：《〈尝试集〉再版自序》。

试集》的诗，我自己最喜欢的一首是许多选新诗的人不肯选的。那一首的题目是《十一月二十四夜》……这诗的意境颇近于我自己欣赏的平实淡远的意境。十五年来这种境界似乎还不曾得着一般文艺批评家的赏识。但我自己并不因此放弃我在这个方向的尝试。"①这首诗是这样写的：

> 老槐树的影子，
> 在月光的地上微晃；
> 枣树上还有几个干叶，
> 时时做出一种没气力的声响。
>
> 西山的秋色几回招我，
> 不幸我被我的病拖住了。
> 现在他们说我快要好了，
> 那幽艳的秋天早已过去了。

显然，这首《十一月二十四夜》在《尝试集》再版时，胡适并没有将它列入优秀诗作之列，而在十多年后，胡适才发现了它的价值，即平实淡远的意境。这也说明，胡适对自己诗的理解也有一个变化过程。

---

① 胡适：《谈谈"胡适之体"的诗》。

胡适对自己的作品也多有批评，有许多批评还是较为实事求是的。比如，"我在美洲做的《尝试集》，实在不过是能勉强实行了《文学改良刍议》里面的八个条件，实不过是一些刷洗过的旧诗！这些诗的大缺点就是仍旧用五言七言的句法"①，"第二编的诗，虽然打破了五言七言的整齐句法，虽然改成长短不整齐的句子，但最初做的几首，如《一念》《鸽子》《新婚杂诗》《四月二十五夜》，都还脱不了词曲的气味与声调"②。应该说，胡适的白话诗是中国旧体诗向新诗过渡的第一座桥梁，以往没有人做这项工作，胡适就是这样一位开路先锋，因此，他的诗也就不可能达到完满的程度与境界。当然，我们不能因此就否定其价值，因为不论是思想成就还是艺术成就，其诗文创作都不可忽视。有的学者认为，"像博物馆橱窗展示全部文明过程一样，一部《尝试集》便是展示中国白话新诗从降生逐步走向成熟完美的博物馆橱窗"③。

胡适的《尝试集》出版后，同样也受到读者的喜爱，人们争相购买，以能早早读到它为快。1920年3月初版《尝试集》，仅半年时间，亚东图书馆又再版此书，1921年第三版又重印再版本，后来又出了第四版。从1922年10月以后

---

①② 胡适：《〈尝试集〉初版自序》。
③ 胡明：《胡适传论》，第442页。

《尝试集》又出了十几版。由胡适《尝试集》的出版与销售情况看，这种盛况是空前的，也充分地说明了《尝试集》在当时产生的巨大影响。

拒为《白话诗研究集》捧场

胡适在中国公学时的一个老同学谢楚桢曾写过一本《白话诗研究集》，为了得到胡适的赞同，谢楚桢将书拿给胡适看。胡适看完书后，认为书中的诗不堪入目，几乎没有一首可称之为诗。胡适直言不讳地将这一意见告诉谢楚桢，并指点他说，只有白话那还不能叫作诗，思想和观念等也应该有特殊的要求。后来，谢楚桢不以为然，在易家钺、罗敦伟的支持下，这本《白话诗研究集》竟然出版了。易、罗二人还吹捧谢楚桢是一个大诗人。书出版后，谢楚桢又来找胡适，死缠硬磨让胡适代他在报上介绍这本书。因为胡适对本书甚为不满，所以一口拒绝了。后来，谢楚桢就在报上登了个大广告，题目是《介绍新出版的〈白话诗研究集〉》。

广告是这样写的："是书系谢楚桢先生苦心孤诣之作，

全书约十万言，内容：上半卷列诗录五十条，研究新诗作法，无美不备；并列诗谈选一门，都系时下一般名人所作，下半卷列诗百二十首，思精笔美；并列诗选一门（共三十余首，内有女子诗十首），都系男女青年的杰作。讨论批评，创造采集，无所不有，诚为新文艺中别开生面之书。至若生活类中描写社会各种妇女生活状况（共三十三首，庄谐杂出，形容尽致），使人可怨可歌可笑，尤为此书之一大特色。同人等因其于新诗界大有贡献，特为郑重介绍，想凡有志研究新诗的人，当无不先睹为快哩。"接着，广告后面注"介绍人沈兼士、李煜瀛、孟寿椿、易家钺、孙几伊、陈大悲、罗敦伟、瞿世英、杨树达、郭梦良、陈顾远、徐六几同启"。

胡适当然认为这种广告是自吹自擂，尤其对上面几个人借"名人"无原则地吹捧甚是反感，认为这是不负责任也是不道德的。胡适一直这样认为，"我生平对于社会上滥用名字的行为，最为痛恨。社会既肯信任我们的话，我们应该因此更尊重社会的信任，绝不该滥用我们的名字替滑头医生上匾，替烂污书籍作序题笺，替无赖少年作辩护"[1]。

当时作为学生的苏雪林在《女子周刊》上撰文对《白话诗研究集》一书进行了严厉的批评，然而出乎意料苏雪林却

---

[1]《胡适日记》，1921年5月19日。

遭到了此书介绍人的反击和谩骂，谩骂者口出秽言，极尽无赖之能事。对此，胡适给予了严肃的批评。

胡适自己说他从前是一个讲情面的人，一向不愿拂人的兴致。但有两件事对他的触动很大。第一件事是胡适的一个朋友曾给他讲过这样一个故事：有一次在英国，这个朋友听一位大政客演讲，政客讲得很坏。当讲完后，主人问及演讲的效果时，这位朋友捧场说"interesting"。在英国的"interesting"是褒义词，不是"有趣儿"，而是"有趣味"。朋友的这句话马上受到批评。这位朋友非常羞愧，发誓以后再不说敷衍的话了。第二件事与胡适有关，也与胡适的这位朋友有关。当胡适第一次把他的论文《易卜生主义》拿给他的这位朋友看时，这位朋友竟毫不客气地说，胡适不应该强作什么主义，也不该硬作什么主义的区别，如此空洞的"主义"怎样谈得好？有了此事，胡适"也立誓不循情面，不说违心的应酬话，我有时或不能完全做到这步地位，但我希望总不致十分对不住我这位师友"①。

胡适拒绝为《白话诗研究集》一书捧场这一事件既表明其坚持原则的立场，也表明其做人做事的准则。比如，"多问些问题，少谈些主义"就与他的朋友对他的批评有关。又如，胡适曾对罗尔纲《清代士大夫好利风气的由来》一文进

① 《胡适日记》，1921年5月19日。

行过严厉批评，认为"这种文章是做不得的。这个题目根本就不能成立"，"你常作文字，固是好训练，但文字不可轻作，太轻易了就流为'滑'，流为'苟且'"[①]。此时，胡适完全是一位严师，他直言不讳、不留情面，真有当年胡适母亲"课子"之状。

---

① 罗尔纲：《师门五年记》。

单不广送书

单不广是胡适的好友，二人极为相得。1917年前后，二人曾往来九次通信探讨学术问题，一时成为美谈。对胡适研究《红楼梦》，单不广也一直非常关注，常给胡适以极大的支持。

1921年春天，单不广送给胡适一本《雪桥诗话续集》，书中有一条关于《红楼梦》的资料令胡适"狂喜"。这一条主要是记载了四松堂主人的简况，也记录了曹雪芹的一些情况。

从这条史料中，胡适受益匪浅，他概括为三点。一是知道了曹雪芹名，二是曹雪芹为曹寅的孙子，三是《四松堂诗文集》《鹪鹩庵笔麈》《懋斋诗钞》一定有关于曹雪芹的材料。

　　单不广带来的《雪桥诗话续集》为胡适清除了迷雾，打开了一个新的天地。胡适在1921年5月20日的日记中认为，有了这部书，"我们有许多假设都经不起这一条的推翻"。以前，袁枚曾说曹雪芹是曹寅的儿子，大家信而不疑，这一观点延续了近百年。胡适虽对这一观点有怀疑，但找不出有力的证据，如今单不广帮他解决了这个难题，胡适如何能不喜上眉梢呢？更重要的是，曹雪芹的身份是胡适研究《红楼梦》的首要问题，解决了这一问题，其他的问题就顺利多了。

一份国学书目

20世纪20年代初期，胡适应邀为清华学校胡敦元等四人拟定了一个读书书目。这四位都是要到国外留学的，非常想在短期内打下国学的功底，所以，胡适列的这个书目是有针对性的。如果扩而大之，这一书目也不是为那些有国学根基的人开设的，而"只为普通青年人想得一点系统的国学知识的人设想"①。

这个书目分三个部分，第一部分是"工具之部"，包括书目提要、人名辞典、大事年表、佛学辞典等。第二部分是"思想史之部"，包括《老子》《庄子》等二十二部著作；也包括大量的佛经典籍，如《妙法莲华经》《金刚般若波罗

①《胡适文存》（二），第78页。

蜜经》；又包括一些思想家的文集，如《韩昌黎集》《柳河东集》；还包括一些学术著作，像《清代学术概论》《史记探源》等。第三部分是"文学史之部"，包括《诗经》《战国策》、唐诗、宋词、元曲及明清的戏曲和小说。

那么，胡适这个读书书目有哪些特点呢？一是书目简洁明快，清楚明白。与梁启超开的书目复杂的分类相比，胡适的书目分类比较简单，大致分工具书、哲学思想书和文学书几种。虽显得较为单调，但比较集中，也较为分明。另外，在每一本书后面，胡适都标出作者、出版处，有时还略加点评，从而使书目一目了然，收到了言简意赅的效果。比如，胡适这样概括《缀白裘》："这是一部传奇选本，虽多是零篇，但明末清初的戏曲名著都有代表的部分存在此中。在戏曲总集中，这也是一部重要书了。通行本。"而梁启超的书目则在详细之时有过于烦琐的不足，如对《论语》《孟子》《宋元学案》《资治通鉴》《二十四史》等，作者都做了许多解释，使书目硬生生地变成了提纲。

胡适读书书目的第二个特点是丰富博大，包罗万象，这主要是指哲学和文学两个方面而言的。因为胡适是哲学和文学的研究专家，所以，他为学生开的书目非常全面，简直是一个"哲学、文学的图书馆"。我们浏览其间，不能不为胡适眼界之宽、读书之多、选择之严所触动。连不满意胡适读书书目的梁启超也不得不承认胡适开的书目"是私人及公共机关小图书馆之最低程度"①。此话虽是批评胡适书目选书过多，但另一方面也说明胡适书目确实丰富。胡适之所以给留学生开那么多的哲学和文学书，也是有感于当代中国青年人国学根底太差，不能令人满意。他说："正因为当代教育家不非难留学生的国学程度，所以留学生也太妄自菲薄，不肯多读点国学书，所以他们在国外既不能代表中国，回国后也没有多大影响。"②

偏重哲学，更偏重文学，这是胡适读书书目的第三个特点。胡适这个书目除了十多部工具入门书外，其余的全是哲学与文学方面的书目，这当然与胡适的研究范围有关，也与胡适的爱好和出发点有关。哲学容易培养学生的知性和理性，而文学可以培养学生的感情、想象与兴趣，二者相得益彰。这里，胡适非常强调读书中的兴趣，因为他读书的兴趣就是从读小说开始的，从此一发而不可收，与书结下了不解之缘。胡适在此态度很明确，"对初学人来说，须先引起他的真兴趣，他然后肯下死工夫"③。而梁启超也拟定了一个读书书目，他的书目与胡适不同，偏重政治思想和历史书籍。对胡适重文学而轻历史，梁启超多有不满，他说："胡君为什么把史部书一概屏绝？一张书目名字叫作'国学最低

---

① 梁启超：《评胡适之的〈一个最低限度的国学书目〉》。
② 《胡适文存》（二），第89页。
③ 《胡适文存》（二），第78页。

限度'，里头有什么《三侠五义》《九命奇冤》，却没有《史记》《汉书》《资治通鉴》，岂非笑话？"①应该说，梁启超是击中了胡适读书书目的一个要害，但如果他理解了胡适对小说的重视以及对读书兴趣的强调，他也许就不会那么大惊小怪了。

胡适读书书目的第四个特点是注重版本的选择。因为不同的书有不同的版本，而不同的版本质量又大相径庭，从书目中可见作者在版本的选择上是下了相当的功夫的。哪一版本为好，现藏于何处，优劣好坏怎样，作者都有明确的甄别，这是梁启超读书书目所远远不及的，从中也反映了胡适读书的精细和治学态度的严谨。

还需指出的是，胡适的读书书目发表以后，《清华周刊》的记者来信对胡适的读书书目表示不满，一是说胡适在此所定的国学范围太窄了，与以往胡适关于国学的概念出入太大；二是思想史与文学史方面的书谈得又太深了，不合于"最低限度"。于是胡适在原来的书目上又标出重点，现列举如下。

工具书有：《书目答问》《中国人名大辞典》《九种纪事本末》（重加的）。

思想史书有：《中国哲学史大纲》《老子》《法华经》

_____

① 梁启超：《评胡适之的〈一个最低限度的国学书目〉》。

《阿弥陀经》《坛经》《宋元学案》《明儒学案》《四书》《墨子间诂》《荀子集注》《韩非子》《淮南鸿烈集解》《周礼》《论衡》《佛遗教经》《王临川集》《朱子年谱》《王文成公全书》《清代学术概论》《章实斋年谱》《崔东壁遗书》《新学伪经考》。

文学史书有：《左传》《文选》《乐府诗集》《全唐诗》《宋诗钞》《诗经集传》《宋六十家词》《元曲选一百种》《宋元戏曲史》《缀白裘》《水浒传》《西游记》《儒林外史》《红楼梦》。

梁启超在书目后也列出一个更少的书目，现笔录如下，我们可将其与胡适的书目进行一番比较。梁启超的最低书目如下：

《四书》《易经》《书经》《诗经》《礼记》《左传》《老子》《墨子》《庄子》《荀子》《韩非子》《战国策》《史记》《汉书》《后汉书》《三国志》《资治通鉴》（或《通鉴纪事本末》）、《宋元明史纪事本末》《楚辞》《文选》《李太白集》《杜工部集》《韩昌黎集》《柳河东集》《白香山集》。

从胡适与梁启超二人所列最低的书目看，许多选本是一样的，所异者是胡适重文学而梁启超重历史，且胡适特别列出《水浒传》《西游记》《儒林外史》《红楼梦》四部名著，可见他对小说的重视。此外，胡适书目中是比较重佛学的，这是梁启超未加注意的。

新文化运动先驱往往都有着深厚的国学功底，除胡适、梁启超外，还有鲁迅、周作人、林语堂、徐志摩、郭沫若等人。而新文学环境中成长起来的知识阶层则国学功底就大不如前，二三十年代，四五十年代，以及八九十年代的学人都面临着国学功底欠弱的严重问题，而普通人国学书籍的阅读更是少得可怜。可见，对中国人尤其是中国的青年学人来说，胡适的国学读书书目是一份珍贵的遗产。

天津访书记

　　1921年春天，胡适的学生顾颉刚从天津给他寄来一封信，说他在天津图书馆翻阅《楝亭全集》，发现了《红楼梦》的一些新材料，对胡适的《红楼梦》研究肯定会颇有帮助。胡适听到这个消息，立即动身来天津访书查核。

　　到了天津以后，胡适首先拜访了严范孙先生，并请问天津图书馆的《楝亭全集》是不是他的书，严先生说不是，可能是傅沅叔先生当日经手买的。当严先生问及胡适为何要查对此书，胡适就告诉说，他正在与顾颉刚考证《红楼梦》，其中牵扯到曹寅的历史。严先生听了胡适的话非常高兴，并祝胡适能取得圆满的成功。接着，胡适就把自己考证《红楼梦》的稿本及顾颉刚的几封信留下来让严先生过目，胡适就从严先生那里出来了。

此时已是上午十一点，胡适拜访了凌冰先生和夫人，后来与李广钊、姜蒋佐、钟心煊一起在凌家吃饭。一点半去太和里看范正生先生，他不在家，就不得不离开。

下午两点一刻，胡适来到天津公园里的图书馆。刚到馆，罗志道先生就按约在那里等他，并已将《楝亭全集》借出来，胡适对罗志道做事的认真与守信非常佩服，并表示由衷的感谢之情。

《楝亭全集》包括：《楝亭诗钞》八卷，《文钞》一卷，附《词钞》一卷，《诗别集》四卷，附《词别集》一卷。胡适从本馆的书目"康熙五十一年精刻本"即认定，此本必有问题。因为胡适藏的《楝亭诗钞》七卷，《词钞》一卷才是康熙五十一年的精刻本。《四库提要》曾说"寅自汰其旧刻，而吴尚中开雕于东园"，既然自己的是真，那么，天津本就是假。天津本的《词钞》有王朝瑌在康熙五十二年做的序，以及序中的"今公往矣"之语，在《诗别集》中郭振其序中有"今公子继任织部"之言，胡适推断，天津这一部当是曹寅死后，他的门人补辑而成，用旧刻版补制出来的。就是说，天津本全部刻成应该在康熙五十二年（1713）或在其后。

天津本只有《文钞》一卷多可供使用的材料，其他卷并没有太多可取之处。

通过这本书，胡适亦得到几个方面的材料。一是曹寅的生年当在顺治十五年，即1658年。二是曹寅的生日为九月七日。三是曹寅去世时间当是康熙五十二年即1713年之前。四是曹寅于"奇"年十二月受命，至偶年十二月卸事。五是曹寅的禄田"在宝坻之西"，在香河的南边，离北京一过百里。胡适最后推断，"大概《红楼梦》之作当在乾隆十年与十五年之间（1745—1750年之间）"①。

从图书馆出来，胡适与罗志道一起游了北郊，郊外春色正浓，加上昨天晚上刚下过雨，一切如新，满目清透，胡适心情格外好，有如此之天气和景色，这对一向烟尘四起的天津来说，也是非常难得的。

胡适当日的晚饭是在江南第一楼吃的，李广钊约请的。同席的人还有凌、姜、钟、史泽宣等人，大家相谈甚欢，还牵扯到时事。回到住处，胡适久不能入睡。好容易睡着了又做起梦来，他梦见自己神游北京万牲园中的四烈士冢，竟大哭而醒，于是起来做了一首《四烈士冢上的无字碑歌》，对四烈士的丰功伟绩进行赞扬，此时正是深夜一点钟。写完诗，胡适才好好地睡去。

后来，严范孙先生将胡适关于《红楼梦》的考证稿本送来，并附有两条材料。

---

① 《胡适日记》，1921年5月1日。

奇书《弘道书》

　　1921年春天，胡适的朋友吴又陵先生送他一部《费氏遗书》，胡适非常高兴。朋友以书相赠，这在胡适是最快乐的时光，其中之友情令人永难忘却。胡适曾在1919年4月13日的日记中谈到在美国留学期间朋友赠书时的激动心情，"昨日怡荪寄赠所手抄之俞樾《读公孙龙子》一册，读之甚快"，"友朋知余治诸子学，在海外得书甚不易，故多为余求书。去年近仁为余手写吴草庐《老子注》全书，今怡荪复为写此书，故人厚我无敷，可感念也"。

　　《费氏遗书》的作者费密，字此度，号燕峰，四川新繁人，他父亲是个学识渊博的学者。王渔洋（即王士禛）对费此度的诗评价很高，认为有"大江流汉水，孤艇接残春。十字须千古，何为失此人"之名句。费此度曾以孙奇逢为师，孙先生还有诗赠给费此度。在戴望的《谪麟堂遗集》中有《费舍人传》，记录了费此度的生平事迹。

《费氏遗书》共有三种。一是《荒书》一卷，记录了明末川乱的始末，有着不可忽略的史料价值；二是《燕峰诗钞》，胡适认为作品平常；三是《弘道书》三卷，胡适最为赞赏，认为"《弘道书》确是一部奇书"①。

在胡适看来，与费此度同时的人都是重实际的功利主义者，他们不肯做扎扎实实的历史研究，眼光往往非常狭窄，不能摆脱北方腐儒的窠臼。孙奇逢略有历史眼光，所以他的《理学宗传》有一定的价值。但孙氏也终跳不出腐儒的局限，也只能在程朱和陆王之间进行调和，难有真知灼见。而费氏则不然，他虽是孙氏的学生，但他能青出于蓝而胜于蓝，独具慧眼，且有着惊人的历史眼光。胡适高度评价费此度，"他的历史的见解尤可佩服。他不但不屑调和朱陆，他竟老实说'安石、程朱不殊而大合'！这种眼光，真了不得"②。正因为《弘道书》的特殊价值，胡适竟一晚读完一卷，第二晚即将它读完了。可见，胡适对此书的喜爱程度。

胡适之所以对费氏的《弘道书》如此偏爱，是因为中国人向来读书缺乏历史眼光，更无批评的观念，往往人云亦云，久而久之成为腐儒，以致不可救药。胡适在1916年3月

---

① ② 《胡适日记》，1921年5月13日。

29日的日记中谈到，"吾国人读书无历史观念，无批评指责之眼光。千古以来，其真足称'高等考据家'者，唯柳子厚一人耳"。正是由于中国人缺乏怀疑眼光，所以一部中国史几近成为因袭相承的历史，缺乏创意。

胡适一直倡导要用自己的眼光读书，前人的结论不可忽视，但并不是不可怀疑。倘若能从前人的结论里找出破绽，并用大量的可靠史实为之证明，得出自己的结论，此种读书就能收到事半功倍、举一反三的效果，而不至于读书不少，到头来仍是一笔糊涂账。

"悬赏征书"

　　1921年7月17日上午，胡适与高梦旦、任光、江伯训、杜亚泉、方叔远（毅）、高凤池、鲍咸昌、张菊生等商务印书馆的主要职员在上海一枝香会餐。席间谈到征文之事，胡适主张悬赏征书。他举例说，像《中国历史》一书，可以悬赏五千元（或三千元留学经费），以一年或一年半时间为限，当可以得到许多好稿子。胡适还提出注意事项，即这种方法必须先请有才能者为书规定好范围与方法。

　　8月份，胡适与学生顾颉刚谈到编写《中国历史》的事情。胡适强调说，做历史要有两个方面，一方面是科学，即严格的评判史料；另一方面是艺术，即大胆的想象力。胡适认为，中国历史上的史料往往有一段又无一段，没有的就需要史学家根据想象力去填补。有时史料虽正确，但其中所含的意义则不明显，这也需要史学家用自己的想象力去解释。整理史料固然重要，而解释史料也同样重要。胡适指出中国的历史研究现状时说，中国只有史料，无数的史料，而没有历史，因为史学家缺乏解释的能力。这实际上就是胡适为《中国历史》一书悬赏时确定的编写范围与方法。

从胡适这一"悬赏征书"的倡议上，我们可有如下启示。

一、胡适对出版事业、文化事业十分关注，希望充分调动广大作者与读者的积极性。为了出好书，可以不惜用商业的方式来促进我国文化事业的发展。二、这种商业性的征书范围不是通俗作品，而是《中国历史》之类的学术著作，从中可见胡适对"书业"的要求还是比较高的，其选书择本的眼光也比较高明。三、在编写《中国历史》的方法上，胡适特别强调史料与解释相结合，没有史料则空洞无物，而没有解释，史料也只能成为一堆没有灵魂的东西。胡适这种注重作者思想与境界的方法对历史研究的进一步发展具有划时代的意义。四、学者与出版业的联合具有双重意义，既使学者有用武之地，又使出版社有的放矢。

商务印书馆在中国现代出版史上有着十分重要的地位，它不仅有雄厚的经济实力，一批有识有才的编辑，还将许多优秀的学者聚集在自己的旗帜之下，更重要的是，它有着开放心胸和博采众长的精神。商务印书馆曾聘请胡适做编译所所长，给胡适一千元钱作为酬劳，胡适只拿了五百元，他说："我并不想打短工得钱。我不过一时高兴来看看，使我知道商务的内容，增长一点见识，那就是我的酬报了。"[1]从中既可见商务的眼界与心胸，也可看出胡适的品性。双方完全建立在一种开诚布公互相信任的基础之上。还有一次，胡适向高梦旦提出，商务印书馆应采取一定的措施使馆中的编译有提高的机会。具体措施有：一是每年派一二人出国留学深造或考察，其对象主要是那些年轻、通外语、好学问者。二是办一个完备的图书馆。三是办一个实验室，内分物理、化学等室。四是减少编译时间，增加他们的假期。胡适的建议当即得到在座所有人的赞同。

---

[1]《胡适日记》（上），中华书局1985年版。

不朽的《读书杂志》

　　胡适的生命中是离不开书的。他曾在文章中提到，一百年前，清代的大学者王念孙与他的儿子王引之合办了一种杂志《读书杂志》。对此，胡适十分敬佩，称这是"一种不朽的杂志"。当时王氏父子创办的这份《读书杂志》共出了七十六卷，一百年间，也不知印了多少次，深受读者喜爱。胡适怀着难以言表的心情写道："我们想象那两位白发的学者——一位八十多岁，一位六十多岁——用不老的精神和科学的方法校注那许多的古书来嘉惠我们，那一幅'白发校书图'还不够使我们少年人惭愧感奋吗？"①

　　有感于王氏父子的伟大创举，也由于对读书的痴迷，

---

① 胡适：《发起〈读书杂志〉的缘起》。

更由于对中国学术文化的重视，胡适发起创办了《读书杂志》。其目的就是让读书的朋友将读书研究的结果发表出来。这样，人们的读书体会都可以得到大家的批评，人们也会因此增加读书的兴趣，逐渐形成爱书、爱读书的社会风气。胡适还倡导"大家少说点空话，多读点好书"。

《读书杂志》系《努力周报》的增刊，1922年9月3日创刊，每月一期，内容分四个部分。一是专篇的读书研究，二是翻译的名著，三是新书的批评及介绍，四是文艺作品。

《读书杂志》创刊时，胡适还为此事写信给周作人，谈起自己办此杂志的目的。同时，胡适请周作人代向鲁迅转达致意，并请鲁迅加入这个刊物的创办中来。

由此可见，胡适一直倡导读书的"合作性"，在美国留学时他就曾发起成立一个"读书会"，而今，他又发起创办这个《读书杂志》，其目的就是为了使读书不仅仅成为一种书斋式的个人活动，更希望读书成为一种社会性的公众活动。

三日两本奇书

胡适对《红楼梦》的研究兴趣之浓在中国现代作家中是少见的，其取得的成绩也是惊人的。因为胡适开创的"新红学"注重史料的真实与可靠，所以"版本"就成为胡适《红楼梦》研究的核心问题。往往一本好书就相当于一个证据，能很容易地解决一个长久悬而未决的问题。

然而，要找到一本有价值的书有时真如大海捞针。胡适也是这样，像在考证《醒世姻缘传》的作者西周生到底是不是《聊斋志异》的作者蒲松龄之时，胡适因为解决不了版本问题，竟一拖再拖，时间长达六七年之久，以致清样一直在胡家睡着，出版社每年来催。

不过，胡适毕竟是中国新文学的开创者，桃李满天下，学生甚多；加之胡适为人慷慨大方、性情温厚、乐于助人，深得人们的爱戴，以至于当时人们都说"我们的朋友胡适之"。所以，人们知道胡适搞版本考证，一旦有奇本珍书都赶紧给胡适送来或寄来。从此意义上说，胡适简直成了版本的"无冕之王"。

1922年4月19日，松筠阁给胡适送来一部《四松堂集》，胡适万分高兴，在日记中写道："此书我寻了多少时候，竟于无意中得之！""此本真不易得，比刻本还更可贵。"因为这是最初的稿本，上面还有付刻的校记，删节时的记号，改动的添注。凡在刻本所收的，在稿本上都打了个"刻"的印记。而刻本未收的，稿本上都贴上了红纸、白纸，稿本的首页还有"南皮张氏所藏"的印记。

卷首著有敦敏的《敬亭小传》。传中记叙了敬亭即为敦诚，别号为松堂。松堂生于雍正甲寅（1734年）。十五岁过继给宁仁为嗣，三十三岁授太庙献爵职，三十八岁继母丧以病告退并筑四松草堂，死时五十八岁。

对胡适来说，这部《四松堂集》最有价值的还不是它的稀罕和珍贵，而是它为研究《红楼梦》尤其是研究曹雪芹提供了不可或缺的材料与证据。如稿本中有一首诗原在刻本中未曾出现，胡适在1922年4月19日的日记中说："此诗上贴红笺，亦未刻。此诗极重要。"胡适认为，此稿本可以解决四个问题：一是曹雪芹死于甲申（1764）；二是死时年约四十或四十余；三是曹雪芹死后似乎没有孩子，一子已经死去了；四是曹雪芹死后还有一个妻子。

更有意思的是，在同一天的日记中，胡适这样记录得这部奇书的所思所感："此为近来最得意的事，故详记之。书店若敲我竹杠，我既记下这些材料，也就不怕他了！他若讨价不贵，我也不妨买了他，因为这本子确可宝贵……无论如何，我现在才知道刻本于我无大益处。"此段话甚妙！寥寥数语将胡适的心态活灵活现地和盘托出，极尽惟妙惟肖之能事。书店怎能想到胡适最稀罕的不是版本，而是版本中的学问，胡适并不是一个为收藏而收藏的人，而是藏有所用；书店也没有想到胡适事先对书中有价值的内容已做了笔录，得其精华之后，自己就变得主动了，合适则买，不合适则不买。否则，一旦书店真来敲竹杠，胡适只能任其宰割了。看来，作为知识分子的胡适还是有些商业头脑的。

更有意思的是，过了一天，胡适又收到蔡元培送给他的《四松堂集》五册，这是蔡先生从徐世昌的诗社借来的。这是刻本，分五卷：第一卷是诗一百三十七首；第二卷为诗一百四十四首；第三卷是论、序、跋、题、书、传、记共三十四首；第四卷为记、行述、哀辞、祭文、说共十九首；第五卷是《鹪鹩庵笔麈》八十一则。在稿本的前面有嵩山永奎、纪昀、山左刘大观三人的序，而在此刻本中只有纪昀一人的序，而且凡稿本中没有打"刻"字的，在刻本中果然没有刻出来。胡适在日记中接着写道："此可见稿本的可贵。

然三日之中，两本都到我手里，岂非大奇！"

　　另外，蔡元培还附来一信，信中多谈此书之来处，以及书中有关《红楼梦》的有价值材料，并一一列举出来。有趣的是，蔡先生信末的一句话，他写道："先生如一读引集，或更有所发现，特奉上。但请早阅毕，早赐还耳。"看来，在如此知名者之间，如此相知相识的朋友之间，借书也要强调"早看早还，再借不难"，否则，如此重要的珍本一旦丢了，那可不是闹着玩的。另一方面，那时的朋友间，甚至是与书店老板间，书都可以先拿去看看，再决定买不买。这当然需要有相当的"信誉"做保证。从中也可见胡适在书界的"信誉"是多么高！由此观之，三日内胡适能得两本奇书，既是天缘与人缘的合力而成，也是情理中的事了。

病中喜读《越缦堂日记》

　　《越缦堂日记》是清末经史词曲研究专家李慈铭的作品，1922年夏天，胡适在病中阅读这本书，觉得非常有趣儿，晚上在床上戏题了几首诗，以作纪念。

　　从胡适的诗中可见李慈铭的读书生活，也可了知胡适对李慈铭的评价。二人在读书和生活态度等方面都有着强烈的共鸣。

　　胡适在第一首诗中说："五十一本日记，写出先生性情；还替那个时代，留下片面写生。"只这五十一本日记，就令胡适佩服不已，因为胡适喜记日记，而清末时就已经有人为他做出了榜样，可称无独有偶。其实，胡适写日记的习惯与李慈铭有很大关系。1921年4月27日，胡适在日记中记下了自己读《越缦堂日记》的收获时写道："看李慈铭的《越缦堂日记》第三册。这部书也是我重提起做日记的兴趣的一个重要原因。"另外，胡适极力肯定李慈铭的日记风格，是写出了人的"性情"，而不仅仅是一些死材料。一个人的性情能在日记中活灵活现地得以展示，这些日记就有了不可忽视的价值和意义，有时它远胜于对那个时代的历史记录。

胡适在第二首诗中说："三间五间破屋，七石八石俸米；终年不上衙门，埋头校经校史。"这简直是一幅简朴的读书生活图谱，不为名、不为利、不求显赫、不讲享乐，只要有书可读，只要有文章可写，一箪食、一瓢饮、足矣。如此的淡泊名利，一心读书，专心著书立说，其实也是让胡适羡慕的，李老先生之乐胡适怎么能不同乐呢？

胡适在第三首诗中说："宁可小睡几觉，不可一日无书；能读能校能注，先生不是蠹鱼！"书成为李慈铭老先生乐趣的来源，它甚至比睡觉还重要还有趣。另外，李老先生并不是一个读死书一无所知的书呆子，而是一个能读能校也能注把书读活读透的智者，胡适正是赞赏李老先生这一点。

胡适在第四首诗里说："前日衙门通告：明朝陪祭郊坛。偌大北京城里，向谁去借朝冠。"在李老先生看来，一个堂堂朝廷官员，连顶朝冠都找不到，一旦用上还要苦于无处借去，可见他的心思全用于读书和著书立说之上。

胡适在第五首诗中说："最恨'孝廉方正'，颇怜霞芬玉仙：常愁瓮中无米，莫少诸郎酒钱。"可见，李老先生是个性情中人，对道学先生真有点儿深恶痛绝之意。如此困顿的生活也不能泯灭一个嗜书如命的学者的追求与乐趣，书中魅力之大自不待言。

胡适在第六首诗中说："这回先生病了，连个药钱也无。朋友劝他服药，家人笑他读书。"一心向书，以致穷困潦倒，连吃药的钱也没有。如此读书，不仅朋友不理解，就是家里人也笑话他，能在如此的情况下矢志不渝，其精神真是可嘉！可能有感于自己的读书氛围，也可能有感于自己常常处于经济的窘迫状态，所以胡适对李老先生既怜又爱，满是痛惜敬仰之情。胡适对钱从不吝惜，对朋友，他慷慨解囊，几乎有求必应，一千、两千美金送给朋友，对胡适来说如同举手之劳。胡适还说过，我借出的钱从来没想到要还回来。而他自己却常常有非常急需的时候。如1922年8月28日的日记中胡适曾说："窘极了，写信到上海叫亚东寄了一百元来，今天向银行取出，为思永、泽涵学费。"江泽涵是胡适妻子江冬秀的堂弟，当时，胡适负担着思永和泽涵二人的读书学费。由此观之，胡适的人格之高，在中国现代作家中恐怕少有人能比。也正因此，胡适可能非常理解李老先生的窘态。

胡适在第七首诗中说："猪头私祭财神，图个'文章利市'。祭罢放串爆仗，赶出一伙穷鬼。"李老先生把美味佳看奉祭财神，只希望自己的文章能够卖得好。

胡适在第八首诗中说："买了一双靴子，一著就是十年！当年二十四吊，今年二两九钱。"在真正的读书人眼里，物质的享受都变得非常次要了，只要有福分读书，一双靴子简直就是可有可无的了。

胡适在最后一首诗中说："铁路万不可造，彗星着实可怕。——四十年前好人，后人且莫笑话！"李老先生之精神是弥足珍贵的，我们后人切不可视而不见，或视之如敝屣，一个人有了这种生活态度，表面看来是贫穷的，但其精神的欢乐与满足却是常人很难得到的。胡适在这里提醒人们千万不可将这一精神遗失掉了。

《楚辞》新见

　　1921年6月，胡适应洪熙、思永们的读书会邀请，做了关于《楚辞》的演讲，其中多有新见，一扫前人看法。胡适说他之所以这样做，目的是很明确的，"总期使这部被埋没，久被'酸化'的古文学名著能渐渐的从乌烟瘴气里钻出来，在文学界里重新占一个不依傍名教的位置"①。

　　胡适首先注意的是作者屈原为何许人。以往没有人提出这个问题，胡适说他不但要问屈原是谁，还要问到底有没有屈原这个人。

　　之所以胡适在这个大家都不会有疑问的地方提出异议，有两个方面的原因。第一，胡适认为，《史记》不很可靠，

---

① 《胡适文存》（二），第65页。

而《屈原贾生列传》尤不可靠。如，孝文帝之后应是景帝，而司马迁却说"及孝文崩，孝武皇帝立"，这是很值得怀疑的。再如，《屈原传》叙事不明，前面一直称屈平，后面突然称屈原，思路不统一，令人生疑。第二，传说的屈原若真有其人，必不会生在秦汉以前。《楚辞》中的屈原是一个理想的忠臣，而这样的忠臣在汉以前是不会有的，因为在战国时代还不会有这种被强化的"君臣观念"。所以，胡适不认为在《楚辞》时代有屈原其人。在胡适看来，屈原只是一个传说的人物，是汉代的儒生杜撰出来用以教化人的，因为在汉代此类事情常有发生。所以，依胡适的研究，屈原只是一种复合物，是一种"箭垛式"的人物，就如黄帝、周公一样。在中国历史上，有许多东西是一些无名小辈发明的，但历史记载往往都记在那些有名的人身上，这样，许多有名之士就变得几乎无所不能。比如，中国南方的文学是由很多人共同创造的，而到后来就变成了屈原和宋玉（这也是一个假名）等有名的几个人身上了。

如果真有屈原其人，也许二十五篇《楚辞》中有的篇章是出于屈原之手，但后来，整个《楚辞》却都归到屈原手中了。更有意思的是，汉代的儒生竟从《楚辞》中读出了"君臣大义"，从此，屈原不仅成为一个文学的"箭垛"，而且还是一个道德的"箭垛"。胡适推断，《屈原贾生列传》应该是宣帝时有人补充的，那时离秦亡已有一百五十年，理想的"君臣大义"才有可能产生。

那么，怎样理解《楚辞》里的作品呢？《楚辞》共有二十五篇，它们包括《离骚》《天问》《远游》《渔父》《大招》《卜居》《招魂》和《九歌》《九章》（后两章分别又有九篇）。胡适分析说，如果真有屈原这个人，那么，《离骚》可以说是屈原的作品，《九章》中有一些是屈原的作品。《九歌》是最古的南方民族文学。《招魂》当属屈原时代或稍后的作品。《卜居》和《渔父》应是楚亡后的作品。《大招》《远游》《天问》《九章》的部分作品都应是汉代人做的。

关于《楚辞》的注家，胡适将其分成汉宋两大派。胡适不喜欢汉家注释，他认为汉儒最酸腐，眼光最浅陋，把一部《楚辞》解释得乱七八糟，本来是文学，但凡事非要将之与政治与道德与救国相联，结果弄得牵强附会，不堪卒读。胡适曾举例子，《楚辞》中的"香草美人"如何一定要解作"忧君爱国"？一首"关关雎鸠"本来写相思，而汉儒非要认为是刺周康王后的。比较言之，胡适认为宋派从朱熹开始，对《楚辞》的解释慢慢脱离了道学方巾气的影响，多有新颖的见解。胡适主张人们从朱子入手理解《楚辞》。

胡适最重视的还是《楚辞》的文学价值，认为它不是一部忠臣教科书，而是一部文学作品。这就要求推翻屈原的传说，推翻以往的成见，重视其文学的审美趣味，如此方不至于误入歧途。如《湘夫人》歌"袅袅兮秋风，洞庭波兮木叶下"，本是对自然景物的描写，加以一种心境的衬托。但有人却注之说"言君政急则众民愁而贤者伤矣"（王逸），"喻小人用事则君子弃逐"（五臣），如此牵强附会，令人哭笑不得。问题还不仅仅是解释的不同标准，最重要者是政治、道德等对文学的无处不在的干预，是文学性和文学趣味的丧失。

胡适对《楚辞》的解读中，知识的丰富、论证的方法以及创新的精神都值得重视，因为，像这样一部具有悠久历史的名著，要提出新颖的见解并且令人信服，是相当困难的。值得注意、最应引为重视的还不限于此，而是文学与政治与伦理的关系。一般而言，中国的文学往往都与政治与道德有着相当紧密的关系，将二者硬性地分割是不对的，也不符合文学发展的规律。问题是文学并不是被绑在政治和道德的马车上，没有自己的内容。文学有时又有其自身的独立性。胡适并不是反对文学与政治与道德的关联，而是反对用政治、用伦理去图解文学，将文学变成一部伦理教材。胡适最不满意汉儒对《楚辞》的解释即在于此。

一首歌谣

　　1922年7月30日，胡适在去天津的路上，坐在火车上看报，《益世报》上有一首歌谣吸引了他，胡适忍不住为这首歌谣叫好。

　　这首歌谣后来被胡适记在日记上，现摘录下来，奇文共赏。

　　　　蒲棂子车，（大车上搭席棚的，俗呼蒲棂子。）
　　　　呱（读瓜）达达，
　　　　一摇鞭，到了家。
　　　　爹看见，抱包袱；
　　　　娘看见，抱娃娃。
　　　　哥哥看见瞅一瞅，

嫂嫂看见扭一扭。

不用你瞅，
不用你扭，
今天来了明天走。
爹死了，我念经！
娘死了，我唱戏！
哥哥死了烧张纸；
嫂子死了，棺材上边抹狗矢！

　　这是一幅"小姑回娘家探亲图"。诗写得生活性很强，也相当大胆，信口而言，不落窠臼，真如乡村童子一般天真无邪。上半首写"我"坐大车回家，爹娘和哥嫂不同的表现。爹娘喜欢之情溢于言表，哥嫂冷淡之心令人不寒而栗，尤其是嫂子"扭一扭"，一副不高兴的样子。下半首则是表现"我"的感受与意愿。先让嫂子不必担心，也不必不高兴，今天来了，待不久的，明天就走。一旦爹娘哥哥死了，还会尽自己的孝心，而一旦嫂子死了，则要往嫂子的棺材上抹狗屎，其对嫂子的憎恶之情几乎成了一种诅咒。

　　这是一首有着怪味的白话诗，爹娘未死而预想他们死后"我"的所作所为，从孝道上讲未免有点儿不孝，也是常人难以做到的。"我"简直是一个无所畏惧的"勇士"，不迷信，不信邪，有着强烈的反抗意识与斗争精神。诗中方言、俗语的运用，增强了诗的表现力，也增强了诗的自然与质朴。

诗中加上了着重号，是诗作原来就有，还是后来胡适加上的，这不得而知。胡适是这样评价这首诗的，"这真是绝妙的民间文学。这种无名作者，向不知《孤儿行》为何物，而他们的作品不但可上继《孤儿行》，并且远胜《孤儿行》"[①]。显然，胡适是看中诗的"民间文学性"的。

胡适一向反对所谓的"正统"文学，反对那些道学气浓厚装腔作势的门面文学，而推崇那些通俗易懂有着强烈的生命感的真实文学。所以他曾赞扬袁中郎、唐伯虎、王阳明、吴敬梓、曹雪芹、李伯元、吴趼人等人的作品，而不喜明代七子和复社诸人的作品，也不喜清代桐城、阳湖的文风。《益世报》上这首歌谣就是与胡适的文学观相一致的作品。

另外，胡适喜爱此首歌谣，还可能有一个原因，即诗中写到的哥嫂与"我"的关系对胡适的触动，虽然说胡适在胡家的地位与处境并不能说太糟，但父亲死后孤儿寡母的处境在胡适灵魂的深处打上了深深的印痕，以致胡适提到胡家大家庭常常有一种隔膜、一种疏离。比如，胡适的母亲遵照胡适父亲的遗命向胡适的二哥和三哥（与胡适同父异母）

---

① 《胡适日记》，1922年7月30日。

提出让胡适读书的事，胡适的两位哥哥开始就不表示赞同，二哥不置可否，三哥说："哼，念书！"又如，胡适这样写他的嫂子："大嫂是个最无能而又最不懂事的人，二嫂是个很能干而气量很窄小的人。她们闹气时，只是不说话，不答话，把脸放下来，叫人难看；二嫂生气时，脸色变青，更是怕人。她们对我母亲闹气时，也是如此"，"每个嫂子一生气，往往十天半个月不歇，天天走进走出，板着脸，咬着嘴，打骂小孩子出气"。胡适对此深恶痛绝，"我渐渐明白，世界最可厌恶的事莫如一张生气的脸；世间最下流的事莫如把生气的脸摆给旁人看。这比打骂更难受"①。可见，胡适心目中的"哥哥"与"嫂子"是一种什么形象。所以，如果结合胡适的心态来读这首歌谣，我们就会对诗、对胡适理解得更深入一些。

---

① 《胡适自传》，第31页。

通俗历史教科书《三国演义》

胡适提出《三国演义》不是一个人做的，而是五百年的演义家的共同作品。因为远在唐朝就有了三国的故事了。李商隐在《骄儿诗》中说："或谑张飞胡，或笑邓艾吃。"这说明到晚唐已有说三国故事的了，以后的宋、金、元、明都是如此。胡适在研究杂剧之后有推论说，宋至明初的三国故事大概与民国初年的《三国演义》里的故事相去不远。旧说都认为《三国演义》是元末明初罗贯中做的，胡适认为，这是很可能的，大概罗氏是当时一个著名的演义家。不过，罗贯中时的《三国演义》与民国初年的《三国演义》是不同的。万历年间的《水浒传》已修改成善本，而《三国演义》则甚浅劣。如胡应麟在《庄岳委谈》中说《三国演义》"绝浅陋可嗤"，又说此书与《水浒传》"二书浅深工拙若霄壤之悬"。明末出现了"李卓吾评本"的《三国演义》，胡适表示他不知道这个本子与明初传下来的本子有何不同，但可断定它仍是很幼稚的。到清朝初年，有一个叫毛宗岗的对这个本子大加删改，加上批评，就成了通行的《三国演义》。

毛宗岗的《三国演义》属于最后的修正本，以胡适的看法，这个本子仍不是很好的通俗历史讲义，也算不上一部有文学价值的书。

那么，《三国演义》为什么没有什么文学价值呢？胡适说主要原因有两个。第一，《三国演义》过于局限历史故事，缺乏想象力，创造性不够。应该说《三国演义》中也有一些富有想象力的故事与情节，赤壁之战、舌战群儒、三气周瑜都是如此，也是书中富有文学性和创造性的最为精彩的部分。然而，就全书来说，由于严守传说的历史，至多不过做一些穿插，没有什么想象力。所以，胡适曾强调，《三国演义》只能是一部通俗历史书，而没有文学价值。《水浒传》全是想象，故能出奇出新，而《三国演义》则大部分是演述与穿插，无法出奇出新。第二，《三国演义》的作者、修改者以及最后确定者都是平凡的陋儒，而不是天才的文学家，也不是高超的思想家。比如，写诸葛亮，作者难以表现出他的大本领，只得借呼风唤雨、神机妙算来拔高他。又如，诸葛亮舌战群儒一大段，在作者的心里，本想将诸葛亮抬高，胡适却认为，"但我们读了，只觉得平凡浅薄，令人作呕"①。"三气周瑜"固然比元人的《隔江斗智》高明，但仍是浅薄的描写，一个风流儒雅的周郎给写成一炉忌阴险的小人，将诸葛亮也写成奸刁险诈的小人。可见，《三国演义》中最精彩部分尚且如此，其余部分的平凡浅薄更可想而知了。胡适指出，《三国演义》最不重剪裁，它的本领在于搜集竹头木屑，不肯放弃任何一点。没有好的剪裁，此书的文学性就无从谈起了。

　　当然，胡适并不是完全否定《三国演义》的价值，他充分肯定其通俗历史的地位，认为在几千年的通俗教育史上，还没有一部书可与《三国演义》媲美。中国无数的普通国民都可以从这本书里学习历史与智慧、写作的基本技能，也从这本书里学会了许多为人处世的方法，这是一部融历史知识、人生智慧与生活乐趣于一体的书。此书的无限的魅力就足以说明一切。

---

① 胡适：《三国志演义·序》。

为章实斋做《年谱》

　　章实斋，字学诚，清代著名学者，对史学颇有研究，他为人清高，见解独特。不过，直至章实斋死去一百二十年后的20世纪20年代，人们对他还知之不多，即使知之也多有疏误。比如，《文献征存录》中有他的几行小传，但将"章"姓改为"张"姓，《国朝耆献类征》里只有"张学诚"，而无"章学诚"。

　　胡适读到日本内藤虎次郎先生编的《章实斋先生年谱》后颇有所感，并知道内藤先生藏有一部抄本《章氏遗书》，共有十八册。胡适的日本朋友青木正儿给胡适借抄了这部《遗书》的全部目录。正当胡适准备设法全抄这部《遗书》时，浙江图书馆已将这部抄本的《章氏遗书》排印出来了。胡适读完此书后，知道内藤先生的实斋年谱材料大都出自

《章氏遗书》中。这样，胡适就在《章实斋先生年谱》中
注出每条材料的出处，有时校出内藤年谱中的遗漏或错误也
一并标在书上。在读书的过程中，胡适只准备做一部关于内
藤《章实斋先生年谱》的"疏证"。后来，胡适将他能找到
的材料也附记在内藤先生做的《年谱》上。因为批注越来越
多，年谱上已写不下了，加上内藤的年谱显得较为简单，胡
适这时就打定主意，为章实斋做一部新的年谱。

　　1921年春天，胡适因病在家休息，此时，他又将《章氏
遗书》细看了一遍。胡适说，直到此时，他才真正了解了章
实斋的学问与见解。只是他对《章氏遗书》的编辑很不满，
杂乱无章，缺乏思想的体系。而内藤先生的《章实斋先生年
谱》又欠简略和琐碎，没有对章实斋思想发展变化的脉络进
行把握。胡适说，他最爱看年谱，认为年谱是中国传记体
的一大进化。胡适最喜爱的年谱是王懋竑的《朱子年谱》、
钱德洪的《王阳明先生年谱》。基于章实斋年谱的局限性，
胡适决定自己来做一部，其目的是"不但要记载他的一生事
迹，还要写出他的学问思想的历史"[1]。

　　就体裁来说，胡适在继承了内藤先生和前人年谱的基础
上，又在一些方面有所改变。一是把章实斋著作中有关思想
主张的变迁都摘录出来，分年编入。胡适称，这种摘录很下

----

① 胡适：《〈章实斋年谱〉自序》。

了一番功夫，有的长篇中只有一两段可取，而有的长段中只有一两句可用。摘录下来的内容，胡适又将之连贯起来，使之上下连缀，融为一体。二是把章实斋对同时的几位大家的批评也摘录出来，编入年谱。章氏批评的几位包括戴震、汪中、袁枚，章氏的批评有公平者，也有失误处，胡适之所以将其选出来，既是为了让人们更好地了解章氏，又是为了将其作为思想的材料来用。三是以往的传记往往只说本人的好处，而不谈其不足，胡适为章氏做年谱就准备实事求是，优点与缺点都谈，以至于能为年谱写作提供一种批评的方法，开一个先例。

章实斋的著作虽已渐为人们注意，发现也渐渐多了起来，但散佚者还是不少。胡适最遗憾的是没有看到章实斋的《庚辛之间亡友传》，到年谱付印后才知道刘翰怡先生藏有此书。刘先生藏的《章氏遗书》中还有《永清县志》二十五篇和《和州志》三卷，胡适都没有见过。胡适听说刘翰怡正在刻印《章氏遗书》，胡适说等到刘先生的本子刻出来后，自己再做补充。

章实斋在他的《韩柳二先生年谱书后》强调做文章当注明年月，可见当年章氏作文肯定注明年月，然而，他自己的文章则极少有年月可考，但后人将之忽略了。这也是历史跟章实斋开的一个大玩笑。胡适编的年谱，凡有年月可考的，都详细注明，而没有年月，有旁证可考的也都编入，那些实在无依据不可考者，只好阙如了。

　　胡适在编辑这个年谱时，还得到浙江图书馆馆长龚宝铨先生抄赠的集外遗文，马夷初先生也将自己的抄本遗文借给胡适，可以说胡适研究章实斋，得朋友帮助处甚多。

"对话"王国维

　　胡适原来读过《曲苑》里的《曲录》二卷，感到很不满意。后来，在《小说月报》上看到他的学生顾颉刚的一段话，才知道《曲苑》这一版本是个不完全本，是为初读者准备的，而比较好的版本是《晨风阁丛书》。这样，有一天，胡适早早出门，买回了《晨风阁丛书》，其中就有王国维先生的《曲录》六卷。胡适如饥似渴读《曲录》，这一选本是比较全面，也是比较有影响的。

　　第一卷《曲录》是《宋金杂剧院本部》，共有九百七十七种，大多是从周密的《武林旧事》和陶宗仪的《辍耕录》选出来的，也有从钱曾《也是园书目》的"宋人词话"十二种中选录的。后经罗振玉等人证实，"宋人词话"十二种是话本而不是戏曲，钱曾把它列入戏曲部是一个失误。而王国维编《曲录》时沿用钱曾选文，未加校对考证，结果误而未改，以致也犯了错误。胡适因此推论说，王国维的《曲录》中选用的周密本和陶宗仪本共九百余种中，一定也有不是曲文的。胡适举例说，以写事为主的《刺董卓》《悬头梁上》和以写人为主的《王安石》《史弘肇》都不一定是曲。书中的《太公家教》一本，后来连王国维先生本人也承认不是曲文，王国维还从别处得到确凿的证明。另外，胡适认为，书中的第四十二页以下的"官名""飞禽名""花名"等，大概都不能算是戏曲，而应是话本。

第二卷《曲录》收录元杂剧共四百九十六种，第三卷《曲录》收有明清杂剧共五百零五种。这样二、三两卷一共收有杂剧一千零一种，可定为元明清三朝杂剧选。

第四卷《曲录》是元明传奇，共有三百七十九种。此卷的首例是董解元的《西厢》，胡适认为，它是弦索弹词，不该录在传奇里。

第五卷《曲录》为清代传奇，共八百一十五种。胡适说，其中归庄的《万古愁》是弹词，高鹗的《红楼梦》为小说，都不应列入传奇之中。还有舒位的《瓶笙馆修箫谱》四种是属于极短的杂剧，也不能列进传奇。至于发生错误者还有不少，如曹寅的《虎口余生》（《铁冠图》），原署"遗民外史"，却被列入无名氏之中。

胡适还指出，五卷《曲录》中列出的元明清三朝的曲本共三千七百一十八种，而留存下来者，大概不会超过十分之二三。这显然与"正统文学"观念不重戏曲有相当大的关系。胡适这样表示自己痛惜和愤恨的心情："'正统文学'之害，真烈于焚书之秦始皇！文学有正统，故人不识文学：人只认得正统文学，而不认得时代文学。"对收藏家之无知，胡适也批评说："收藏之家，宁出千金买一部绝无价值之宋版唐人小集，而不知收集这三朝的戏曲的文学，岂不可惜！"①

　　王国维的《曲录》还有不少错误，如《诚斋乐府》不应列在"小令套数部"；如重要选本《缀白裘》没有被收录进去；再如《曲谱》中收了一些有曲无白的谱，却把曲白俱全的《六也曲谱》遗漏了。

　　胡适认为，王国维的书出版也有十几年了，其中的不少问题现在渐渐暴露出来，而且人们又发现了不少戏曲的新材料，这都有待于王国维在修订时注意。另外，王国维如果能将《曲录》中的戏曲以"存""佚"的方式标示出来，那将会更有价值。

---

① 《胡适文存》（二），第604页。

中国第一部女权主义小说

　　"五四"开始的中国新文学有一个特点，即妇女问题日益得到人们的关注，妇女解放成为人们讨论的热门话题。周作人曾表示，"鄙人读中国男子所为文，欲知其见识高下，有一捷法，即看其对佛法以及女人如何说法，即已了解无遁形矣"①。也正因此，妇女解放的小说成为中国新文学创作的一个母题。

　　殊不知，在中国新文学之前就曾出现过一部全力讨论妇女问题的书，胡适认为在"三千年的历史上，没有一个人曾大胆地提出妇女问题的各方面来作公平的讨论"，而直到19世纪初才出现一本把妇女问题的"各方面都大胆地提出，虚

---

① 舒芜编：《女性的发现》。

心地讨论，审慎地建议"的书，这本书就是《镜花缘》。

《镜花缘》的作者是李汝珍，字松石，北京大兴人。他通音韵，撰有《李氏音鉴》，还刻有围棋著作《受子谱》。可以说，他是个"于学无所不窥"之人。因为在《顺天府志》的《选举表》里找不到他，胡适推想，李汝珍"大概是个秀才，科举上不曾得志"。尽管如此，李汝珍为人豪爽，肝胆照人，喜饮酒对歌，兴之所至竟能一饮百觥。胡适根据大量的考证得到以下几点结论：第一，《镜花缘》是李汝珍晚年不得志的作品；第二，《镜花缘》刻成时，李汝珍还活着。《镜花缘》成书约在1825年。李汝珍大约生于1763年，死于1830年，享年约七十岁。

对李汝珍的音韵论著，一般人不甚了了。如《中国人名大辞典》中称李汝珍的三十三个字母，"征引浩繁，浅学者多为所震，然实未窥等韵门径"。胡适认为，这一看法是非常武断的。《镜花缘》中有关于音韵的论述，如果否定了李氏音韵学的成就，就会影响对《镜花缘》做出公正和客观的评价。所以，胡适在对《李氏音鉴》进行探讨后，认为李汝珍的音韵研究有其长处。一是注重实用，二是注重今音，三是敢于变古。

在胡适看来，《镜花缘》最大的贡献还是对妇女问题的关心与探讨。李汝珍曾在书中表明自己的创作宗旨是"穷探野史，尝有所见"。胡适认为，李汝珍之所见不外乎几千年被人们忽略了的妇女问题，"他是中国最早提出这个妇女问题的人，他的《镜花缘》是一部讲妇女问题的小说。他对于这个问题的答案是：男女应该受平等的待遇，平等的教育，平等的选举制度"。在《镜花缘》中最精彩的部分是女儿国的一大段描写。文中用文学的形式、诙谐的风味展示了女子所受的不平等的、残酷的、非人道的待遇。这个女儿国是李汝珍为世间女子诉苦申冤的理想国。胡适对《镜花缘》禁不住赞赏道："几千年来，中国的妇女问题，没有一人能写得这样深刻，这样忠厚，这样怨而不怒。《镜花缘》里的女儿国一段是永远不朽的文学。"如果说，关于女儿国的描写是对女权理想的张扬，那么，关于黑齿国的刻画则是对发达的女子教育理想的肯定。另外，李汝珍在《镜花缘》中虽未直接提出女子参政问题，但书中也有相关的描写，故而胡适得出结论，"我们也不能说李汝珍没有女子参政的意思在他的心里"。

有人认为不能对李汝珍妇女问题的探讨评价太高，因为他主张的开女科，其中就有着科举制度的遗毒，仍未跳出才子状元的俗见。这如何能说李汝珍倡导妇女解放呢？胡适认为这一见解有几分道理，问题是李汝珍并不单单倡导科举，他看中的是学问。而且，李汝珍在淑士国中对科举制度的弊端也进行了严肃批评，尤其对酸气遍及国中的方巾气极尽讽喻之能事。另外，李汝珍所谓的科举考试并不限于八股取士，而是广开科目，几乎无所不包。李汝珍在淑士国中提议，"试考之例，各有不同。或以通经，或以明史，或以词赋，或以诗文，或以策论，或以书启，或以乐律，或以音韵，或以刑法，或以历算，或以书画，或以医卜"。

在中国古代虽没有中国新文学这样全面、彻底而又深刻地倡导女性解放，但一些有识之士一直未间断对妇女命运的关注，对妇女解放道路的探求。胡适把《镜花缘》看成是中国数千年有意识地解决妇女问题的第一声呐喊，这种见解是新颖也是有道理的。

侄辈诗人

　　胡适有一个侄子叫胡思永，他是胡适三哥胡振之的儿子。因为胡振之长期患有肺痨，所以生下两个儿子都没养大就死了，思永生下来也遗传了父亲的病，他的手足骨节处常生有结核。可悲的是，在思永刚满一岁时，他的父亲胡振之就去世了。

　　思永到北京跟胡适生活后，身体渐好，并考入南开中学读书。后来，他主张回胡适家自修，过了一些时候，他又回到南开中学读书，不久就病倒了。到1923年春，思永去世，年仅二十岁。

　　胡思永虽然病体在身，但一直坚持写诗，也喜欢写诗。他发表了一些诗作，表现了这位少年诗人的才情与内心世界。思永死后，《胡思永的遗诗》得以出版，这是一个不幸的青年为这个世界留下的唯一作品。

胡适把思永的遗诗分成三组。第一组是《闲望》，主要收集的是1919年至1921年的诗。第二组是《南归》，主要收集的是1922年1月至7月的诗。第三组是《沙漠中的呼喊》，收集的是1922年8月至12月的诗。

胡适认为胡思永对自己诗的评价还是准确的。比如，胡思永曾表示，"我做的诗却不像白棣的诗一样，十首就有八首含有努力的意思，前进的意思；也不像泽涵一样，十首就有八首安慰自己的意思。我的诗只求表达出我的感触，我的意思，我的所见"。胡思永也谈到自己诗的缺点，"一、学问不足；二、所受的激刺不深；三、心太冷"。胡思永认为，"一个作诗的人，无论是做寓意的诗，还是写实的诗，都应该用自然的景色做个根底，都应该多多的接触自然的景色"。

其实，胡思永的诗还是有价值的，胡适说胡思永的诗有的一定可以流传的。他先举《月色迷朦的夜里》一诗。

在月色迷朦的夜里，
我悄悄地走到郊外去，
找一个僻静无人的地方，
把我的爱情埋了。
我在那上面做了一个记号，

不使任何人知道。

我又悄悄地跑回家，

从此我的生命便不同了。

我很想把他忘了，

只是再也忘记不去！

每当月色迷朦的夜里，

我总在那里踯躅着。

胡适还举了一首《寄君以花瓣》。

寄上一片花瓣，

我把我的心儿付在上面寄给你了。

你见了花瓣便如见我心，

你有自由可以裂碎他，

你有自由可以弃掉他，

你也有自由可以珍藏他，

你愿意怎样就怎样罢。

寄上一片花瓣，

我把我的心儿付在上面寄给你了。

在20世纪20年代初，一个少年诗人能做出如此优秀的诗篇，也是不多见的。

　　胡适对胡思永的诗给予较高的评价，他认为思永的诗"第一是明白清楚，第二是注重意境，第三是能剪裁，第四是有组织，有格式。如果新诗中真有胡适之派，这是胡适之的嫡派"①。其实，这个评价标准与胡适的新诗标准非常接近，这也是胡适喜爱胡思永诗的根本原因。

　　胡适对思永最后几个月的诗评价不高，认为它们多是病态的，怨毒的悲观充满纸上。当《祷告》一诗在《努力周报》上发表后，胡适写信批评侄子，"少年人作诗如此悲观，直是自杀"②。如果站在胡适乐观主义的角度看，这一批评是有道理的，但如果从诗的成熟和深度来看，这种批评也有失偏颇。因为有时悲观正是对生活与人生处境的真实和深刻体认。胡思永的《二次的祷告》是这样的。

> 主哇！我不求美丽的花园，
> 不求嵯峨的宫殿，
> 不求进那快乐的天国，
> 我只求一块清净无人的土地！
> 那儿，在绵亘千里的树林中，
> 在峰岩重叠的高山上，
> 在四望无际的沙漠里，

---

①② 胡适：《〈胡思永的遗诗〉序》。

甚至在那六尺的孤坟内。

只要看不见那人们的触目，

随便哪里都可以的，

随便哪里我都愿意。

主哇！请允了我这个小小的要求吧！

　　这是少年诗人在病中的悲鸣，也是人之将死之前的感悟。诗中虽有不安与躁动，但更多的是从容与明朗，尤其诗中的宗教情绪使淡淡的忧伤得到某种程度的升华。

王莽改制评考

　　早在1922年，胡适曾写过一篇谈王莽的文章，那是一天的读书笔记。1928年，胡适又重新细读了《食货志》《王莽传》等文，这一次，胡适才知道，王莽的新法不是自己杜撰出来的，而是多有根据，其中只有一小部分是王莽的创制。胡适指出，王莽在建国之初，第一年实行的三大政策像土地国有、均田、废奴婢都是出于汉代董仲舒的理论。建国元年的诏书也可以说完全是根据董仲舒建议汉武帝的话，而略加引申形成的。

　　董仲舒先谈"古者税民不过什一"，"故民说从上"。次谈秦国商鞅改古代之法，"除井田，民得买卖。富者田连阡陌，贫者亡立锥之地"，以至"耕豪民之田，见税什五"。在此基础上，董氏提出，"古井田法虽难卒行，宜少近古，限民名田，以澹（赡）不足。……去奴婢，除专杀之威"①。所以，胡适认为，"王莽改田制去奴婢之诏，理论是全抄仲舒的，办法比他更彻底"②。

到了哀帝时，师丹辅国，他向哀帝建议限制田地的买卖，"古之圣王莫不设井田，然后治乃可平"③。哀帝后下诏，"为政之先，百王不易之道也。诸侯王、列侯、公主、吏二千石，及豪富民，多畜奴婢田宅亡限，与民争利。百姓失职，重困不足。其议限列"④。胡适说，王莽的改制与师丹等的主张是一贯的。不过王莽认为他们的限制名田和奴婢很不彻底，应该废止私田和奴婢。

在胡适看来，王莽的六项改革中三项是沿袭前人，而只有三项是他的创制。

①③《食货志上》。
②胡适：《再论王莽》。
④《哀帝纪》。

勘察"欧阳修案"始末

欧阳修曾两次被人用"家庭暧昧"事弹劾，一次是庆历五年（1045年），当时欧阳修三十八岁；第二次在治平四年（1067年），那时他六十岁。

第二次是御史蒋之奇弹劾欧阳修与他的长子媳妇吴氏有私情。后来，皇帝询问蒋氏有什么证据，蒋之奇说是彭思永告诉他的，而彭思永却说是听信人们的传言。神宗认为蒋、彭理屈词穷，于是将他二人降职，而对欧阳修则大加安慰。胡适说，这次狱事只记在《欧阳修文集》附录之《神宗实录本传》及《神宗旧史本传》，而《行状》《墓志》《神道碑》及《年谱》都不曾记载此事，只泛指"无根之言""飞语"而已。

第一次狱事牵扯欧阳修的外甥女。胡适说王铚的《默记》对此事记录最详。王氏在《默记》中说，欧阳修的外甥女张氏是欧阳修妹夫龟正的前妻生的女儿。张氏少而孤，无处可去，住在欧阳修家。长成后，张氏嫁给欧阳修侄子晟。张氏与晟的仆从陈谏私通。事发后，在审讯中，张氏惧罪，图谋解脱，于是交代了出嫁前与欧阳修之间发生的暧昧事，张氏用语丑陋，不堪入耳。后来，军巡判官、著作佐郎孙揆断案时只说张氏与陈谏私通之事，不允许枝蔓到欧阳修。宰相听到此事后，大怒，再命太常博士三司户部判官苏安世重新查核，苏安世于是用张氏的口供结案。不久，内侍供奉官王昭明又被派来监察。昭明看了苏安世所判的案状，惊异不已，他对苏安世说："昭明在官家左右，无三日不说欧阳修；今省判所勘乃迎合宰相之意，加以大恶。异日昭明吃剑不得。"苏安世听王昭明如此说，就不敢改变孙揆的判决，但以"用张氏的钱买田产立户的事"弹劾欧阳修。宰相对苏安世和王昭明非常愤怒，将苏安世和王昭明均降了职。

胡适还引王安石为苏安世做的墓志铭，说王安石极力赞赏他为欧阳修洗刷罪污之功。庆历五年，欧阳修因为言事切中时宜，为权贵们所怒；因为外甥女的案子，被诬陷。天子派人监察。当时的权贵内外勾结，意欲扳倒欧阳修，其势非常猛烈，欧阳修在劫难逃。在此时，苏安世告诉皇帝说，欧阳修无罪，他的罪名都是别人给他加上的。于是权贵大怒，诬苏安世，使之遭受谪降。

　　胡适经过查核说，此事最终结案是"欧公用张氏资买田产立户事"，王氏《默记》中说"立户"，《神宗实录本传》记的是"坐用张氏奁中物买田立欧阳氏券"，《神宗旧史本传》也是一样的。

　　胡适还将《实录》《旧史》和欧阳修自己的《滁州谢上表》关于张氏的记载进行对比，发现史传的说法与欧阳修本人的说法有差别。史传说张氏来欧阳家时四岁，而欧阳修说张氏来他家时七岁。胡适认为，史传将欧阳修的说法改动了，大可不必。

　　胡适还用钱恓的《钱氏私志》来查核此事。胡适认为，钱先生与欧阳修有私怨，多有谤语，比如说欧阳修"有文无行"，又写他在河南钱惟演幕中，与一妓女相亲，为妓女做"柳外轻雷池上雨"的《临江仙》一词。在《钱氏私志》中，钱氏引了欧阳修一首《望江南》词来说明欧阳修之"无行"。欧阳修说张氏到他家时年方七岁，而钱氏说七岁女孩正是学"簸钱时也"。这与欧阳修《望江南》可参照来读。词是这样写的：

　　　　江南柳，叶小未成阴。人为丝轻那忍折，莺嫌枝嫩不胜吟。留著待春深。
　　　　十四五，闲抱琵琶寻。阶上簸钱阶下走，恁时想见早留心。何况到如今。

欧阳修任科举主考官时，曾被落第举人复作《醉蓬莱》词以讥之，用语极其丑秽。钱先生引的词《望江南》，欧阳修的集子中没有收录。不过，胡适将这首词与欧阳修后来的词相比较，认为此词虽不能一定说是欧阳修为张氏作的，但大概不是伪造的，而是出于欧阳修之手。

胡适又举出现存的欧阳修词《南歌子》，以供大家更好地理解欧阳修。这首词写道：

> 凤髻金泥带，龙纹玉掌梳。走来窗下笑相扶。爱道画眉深浅入时无。
>
> 弄笔偎人久，描花试手初。等闲妨了绣功夫。笑问双鸳鸯字怎生书。

胡适认为，"这首词也是写一个很放浪而讨人喜欢的女孩子，此女子确不是娼女，乃是住在他家的。大概张氏一案不全出于无因。狱起时，欧公止三十九岁，他谪滁州后，即自号醉翁，外谪数年而头发皆白；此可见当日外界攻击之多了"[1]。

总而言之，胡适通过对欧阳修两次"狱事"前因后果的细致考证，虽不同意有人对他"有文无行"的评价，但欧阳修与张氏一案不是全无此事，其间定有关联。

---

[1] 胡适：《欧阳修的两次狱事》。

"精""博"双修

每个人都有自己的读书方法，胡适将其归纳为两个方面：一是精，二是博。他曾在《读书》一文中直言："我今天根据个人所经验，同诸位谈谈读书的方法。……读书有两个要素：第一要精，第二要博。"

以往的私塾教育讲究"读书三到：眼到，口到，心到"，胡适认为，这还不够，读书的"精"必须做到"四到"："眼到，口到，心到，手到"。所谓"眼到"，就是每个字甚至每个字的笔画都不能放过，都要认真研究，不然就会闹笑话出错误。胡适举例说，西文的字母差一字就会意思大变，把"port"看成"pork"就会变"葡萄酒"而成"猪肉"；将"oats"（燕麦）看成"oaks"（橡树）也会改"小草"为"大树"。一个字母之差其意思就有天壤之别。当然，中国历史上因一字之差而产生天大误会和笑话者例子很多。所以胡适告诫我们读书时一定不可马虎，养成"眼到"的习惯和认真的人格，以免贻笑大方甚至贻害无穷。何谓"口到"？无非就是一句句念出来，这一方法有利于熟悉句子各部分的关系，也有利于体会文章的气势、风采和意味。所谓"心到"，是指用心研究每章每句每字的意义，并考察何以会如此。胡适反对枯坐似的"苦思冥想"，强调"比较参考""融会贯通"。比如"go"一词有内动词二十二解，有外动词三解，有名词九解，合起来共有三十四解，对"go"这一词的精读就必须把这些意义都联系起来考虑，否则一知半解，不能真正掌握这个词。再如，《诗经》中"于""言"等字很多，在不同的地方有些意思就不同，如果不用比较的方法将之融会贯通，那就越来越乱，变成一笔糊涂账。在"心到"中胡适非常推崇"会疑"，提出问题，解决问题，自己方会有大进展、大提高；不怀疑，怕怀疑，自己的"心"就不会得以开发，所读之书也只是死书，知其表而遗其里。所谓"手到"就是强调多动手，不只是看、读与想。"手到"在胡适看来包括标点分段、查阅字典和资料、做读书笔记。而读书笔记又包括四点：抄录备忘、提纲节要、笔记心得、探讨研究。有时读书只读不做，久而久之，读之忘之，其中的原因之一就是懒于动手。"动手"不仅会帮助自己开阔眼界、增加记忆，还可使我们充分调动想象力和创造性，使书中的死东西变活，最终成为自己的东西。对此，胡适本人概括得很好，"无论是看书来的，或是听进来的，都只是模糊零碎，都算不得我们自己的东西。自己必须做一番手脚，或做提要，或做说明，或做讨论，自己重新组织过，申叙过，用自己的语言记述过，——那种智识思想方才可算是你自己的"。

胡适不仅倡导"手到"的读书方法，而且他自己在读书时一直身体力行，比如胡适一生几近没有间断做日记的习惯，其中记录了大量的读书心得。再如，胡适有研究和考证的癖好，他读过的许多书都有认真的研究与考证，对《水浒传》《红楼梦》《水经注》等书，胡适都下过大功夫进行研究与考证，有的作品竟用时十六七年之久。对胡适来说，往往读一本书引发出许多问题，接着又根据这些问题去阅读大量的书籍，这真是"牵一发而动全身"。

胡适还讲究读书的"博"。顾名思义，"博"即"读万卷书"，天文地理、经史子集等无所不读。对一个人来说，何必要读尽天下之书，胡适说原因有二：一是做参考，二是对社会有用。胡适曾说："所以要博学者，只是要加添参考的材料，要使我们读书时容易得'暗示'；遇着疑难时，东一个暗示，西一个暗示，就不至于呆读死书了。'致其知而后读'。"作为一个读书广博的人，胡适对书有一种特殊的感情，几乎无所不涉。但相对说来，胡适最喜欢读也是读得最多者是文学作品，像诗，像小说，像戏剧。当然，只有博学而无专长者，也不足取，胡适称此类人好似"一张很大的薄纸，禁不起风吹雨打"。

胡适曾说自己偏于博而失于专。1914年1月25日，胡适在日记中写道："余近来读书多所涉猎而不专精，泛滥无方而无所专注，所得皆皮毛也。可以入世而不足以用世，可以欺人而无以益人，可以自欺而非所以自修也，后此宜痛改之。"在1915年2月3日的日记中胡适又写道："学问之道两面而已，一曰广大（博），一曰高深（精），两者须相辅而行。务精者每失之隘，务博者每失之浅，其失一也。余失之浅也，不可不以高深矫正之。"胡适之论虽有自谦成分，但所言也是实情。有意思的是，尽管胡适如此早就意识到读书的"专"与"博"之关系，也意识到自己的不足，并痛下决心纠正之，但最终胡适未能做到。他一生仍是博杂有余而专深不足，从中更可看出读书中处理好"精"与"博"二者关系之难。

风景小说《老残游记》

　　《老残游记》的作者自己署名为"洪都百炼生"。其实，他的真实姓名是刘鹗，字铁云。罗振玉在《五十日梦痕录》中对刘鹗有较详细的记载，"予之知有殷虚文字，实因丹徒刘君铁云。铁云，振奇人也，后流新疆以死。……君名鹗，生而敏异。年未逾冠，已能传其先德子恕观察（成忠）之学，精畴人术，尤长于治河。顾放旷不守绳墨，而不废读书。……至于君既受廪于欧人，虽顾惜国权，卒不能剖心自明于人，在君乌得为无罪？而其所以致此者，则以豪侈不能自洁之故，亦才为之累也。噫！以天生才之难，有才而不能用，执政之过也。怀才而不善自养，致杀身而丧名，吾又焉能不为君疚哉？书毕，为之长叹"。

　　胡适看了罗振玉为刘鹗做的传后认为，刘鹗是个有见识的学者，也是一个有识力和胆力的政客。他的一部《铁云藏龟》可以说是甲骨文研究的开路先锋。罗振玉这位甲骨文字学大师也是因为刘鹗的介绍才去研究这些古物。

胡适后概括刘鹗一生的四件大事：一是河工，二是甲骨文字的承认，三是请开山西的矿，四是购买太仓的米赈济北京的难民。因为后两件事，刘鹗受到了许多毁谤。"太仓米案"竟让他充军新疆，此事人们说他无罪，只有"山西开矿造路案"很少人能理解他。胡适直接站出来为刘鹗平反，"严定其制，令三十年而全矿路归我。如是则彼之利在一时，而我之利在百世矣"，他认为刘鹗这一办法是很有远见的。胡适接着说："但在那个昏聩的时代，远见的人都逃不了惑世误国的罪名，于是刘先生遂被人叫着'汉奸'了。"胡适否认罗振玉对刘鹗"在君乌得无罪"的看法，"一个知己的朋友尚且说他乌得无罪，何况一般不相知的众人呢？"①。由此观之，胡适能力排众议，独抒己见，尤其能对罗振玉的结论提出质疑，这是有胆有识的，其见解也是非常高妙的。或许今天看来，刘鹗的行为不能构成"汉奸"之行是容易理解的，但在20世纪初胡适能有如此见识也是相当难得的。

《老残游记》的作者说自己这部书是一种"其力甚劲，

①《胡适书评序跋集》，第143页。

其行弥远，不以哭泣为哭泣"的哭泣。胡适也赞成这一意见，说这是一部抒发作者对于身世、家国、种教见解的书。胡适认为，"所以我们读《老残游记》应该先注意这书里发挥的感情见解，然后去讨论这书的文学技巧"①。胡适指出，《老残游记》中的一个中心主张是指出所谓"清官"的可怕。刘鹗曾直言清官比赃官更可恨，更可恶、可怕，"赃官可恨，人人知之；清官尤可恨，人多不知。盖赃官自知有病，不敢公然为非；清官则自以为不要钱，何所不可，刚愎自用，小则杀人，大则误国。吾人亲目所见，不知凡几矣。试观徐桐、李秉衡，其显然者也。廿四史中，指不胜屈。作者苦心愿天下清官勿以不要钱便可任性妄为也。历来小说皆揭赃官之恶；有揭清官之恶者，自《老残游记》始"（十六回原评）。胡适认为，"这段话是《老残游记》的中心思想"②，可谓一语中的。有人说，李伯元做的是官场现形记，而刘鹗则做的是官场教科书。胡适不同意这一评判，认为概括欠准确，《老残游记》是"就事论事，细意推求"，何止于官场教科书，简直是做学问做人的教科书。

除对《老残游记》的思想意义的探讨外，在胡适看来，这部书的最大贡献"在于作者描写风景人物的能力"，"《老残游记》最擅长的是描写的技术，无论写人写景，作

---

① 《胡适书评序跋集》，第146页。
② 《胡适书评序跋集》，第143页。

者都不肯用套语烂调，总想熔铸新词，做实地的描写。在这
一点上，这部书可算是前无古人了"，"古来做小说的人在
描写人物的方面还很肯用气力的，但描写风景的能力在旧
小说里简直没有"①，而《老残游记》正是在风景的描写方
面一枝独秀，令人叹服。为何《老残游记》能够将景物写好
呢？胡适总结说，这主要是因为作者知道人有个性的差别，
而景物亦有个性的不同，只有实地考察种种个性的分别，才
能达到对其进行深刻的描写。胡适进一步指出，"知道了景
物各有个性的差别，我们就应该明白：因袭的词章套语绝不
够用来描写景物，因为套语总是浮泛的、笼统的，不能表现
某地某景的个别性质。我们能了解这段散文的描写何以远胜
那六句五言诗，便可以明白白话文学的真正重要了"②。显
然，在这里，胡适从《老残游记》的景物描写之成功看出了
白话文学的长久生命力。

---

① 《胡适书评序跋集》，第153、154页。
② 《胡适书评序跋集》，第156页。

《三侠五义》"人话化"

　　《三侠五义》原名为《忠烈侠义传》，是从《龙图公案》演变过来的。胡适所藏的一部《三侠五义》是光绪八年壬午（1882年）活字排本，内有三篇短序。其中问竹主人的序中记："是书本名《龙图公案》，又曰《包公案》，说部中演了三十余回，从此书内又续成六十回；虽是传奇志异，难免怪力乱神，兹将此书翻旧出新，添长补短，删去邪说之事，改出正大之文，极赞忠烈之臣，侠义之事，……故取传名曰'忠烈侠义'四字。"而退思主人的序中亦写道："原夫《龙图》一传，旧有新编；貂续千言，新成共帙。补就天衣无缝，独具匠心，裁来云锦缺痕，别开生面。百二十回之通络贯脉，三五人之义胆侠肠。"胡适由此推断，当时作者和他的朋友都承认这本《三侠五义》是以《龙图公案》为底本改成的。

《三侠五义》的进步表现在不少方面。比如，《龙图公案》以包公为主体，而到了《三侠五义》则以几位侠士为主体，包公的故事变成了一个线索，成了一个背景。比如，《三侠五义》中"狸猫换太子"的故事是将元明两种故事掺和起来，调和折中，从而形成了一种新传说，遂成了李宸妃故事的定本。在《龙图公案》里闹东京的五鼠是五个妖精，玉猫也是一只神猫。改变之后，五鼠变为五个侠义之士，玉猫成了"御猫"展昭，神话变而为人话，志怪书也成了侠义书。胡适认为，"这样的改变真是'翻旧出新'，可算是一种极大的进步"[1]。

在胡适看来，《三侠五义》是一部新的《龙图公案》，但作者写了小半部分，便放手做了，不肯仅仅做一部《新龙图公案》了。所以，《三侠五义》的后半部完全是创造，作者将包公的故事丢开，专心去写侠人义士。作者笔下最成功的人物有四个，他们是白玉堂、蒋平、智化和艾虎。具体说来，成功处主要是超越以往侠士的神话性质，开始追求人物的自然化与生活化。比如，作者写白玉堂，比较注重他的短处，使读者感到生活中好像真有其人，从而带来了作品的亲切感。不像以往那些小说将人物描写得如同全德的天

---

[1]《胡适书评序跋集》，第124页。

神，使读者有可望而不可即之感，不信实有其人。可以说白玉堂等四人是石玉昆的创造。胡适是这样评价《三侠五义》的，"石玉昆'翻旧出新'，把一篇志怪之书变成了一部写侠义行为的传奇，而近百回的大文章里竟没有一点神话的踪迹，这真算是完全的'人话化'，这也是很值得表彰的一点了"。

另外，胡适还认为作者虽着意描写南侠和北侠，但都不出色，而四个人虽不是主要人物却写得栩栩如生，这里的分别主要看是否表现了人物的个性。

胡适还补充，壬午本的首页题为"忠烈侠义传，石玉昆述"，由此可知，问竹主人即是石玉昆。可惜的是，石玉昆的事迹无从考出。

"只是一种休闲的文学"

对《儿女英雄传》这部大家都不以为然的书，胡适也非常重视，曾专门向朋友们打听它的作者，朋友们都说马从善曾给此书做过一个序，内中提到此书的作者，马从善的话是可信的。于是，胡适从蜚英馆石印本中读到了马从善的序。序中介绍说，《儿女英雄传》的作者是文铁仙，即文康先生。文先生是清代大学士勒文襄公（保）的次孙，曾为理藩院郎中，做过郡守，升过观察。晚年，因为子孙不肖，家道中落，家中遗物倾卖殆尽。文先生独居一室，除了书籍笔墨外，别无他物，只以著书立说自娱。《儿女英雄传》一书虽托稗官家言，而国家典故、先世旧闻，往往而在。并且，人生的兴衰，世道的变迁，人情的反复，文先生都不放过。先生似乎是在后悔已往的过失而抒发着自己未能实现的志向。

　　胡适又找来朋友李玄伯（即宗侗）对文康的考证与马从善的序相对照，认为马从善对文康家世的说法是有道理的，但说《儿女英雄传》是作者叙述自己家世的历史书则有些武断。胡适说，书中有的人是有所指的，如长姐儿、史莲峰、老斗大概都有所指，而十三妹、邓九公则一定是虚构的人物。胡适将《儿女英雄传》与《红楼梦》二书相比，说此二书恰好相反，"曹雪芹与文铁仙同是身经富贵的人，同是到了晚年穷愁的时候才发愤著书。但曹雪芹肯直写他和他的家庭的罪恶，而文铁仙却不但不肯写他家所以败落的原因，还要全力描写一个理想的圆满的家庭。曹雪芹写的是他的家庭的影子，文铁仙写的是他的家庭的反面"，所以"《儿女英雄传》遂成一部传奇的而非写实的小说了"①。胡适强调《儿女英雄传》是有意写一个因作善而兴旺的家庭历史的，作者试图通过描写一个兴旺的家庭来安慰自己"垂白之年重遭穷饿"的现实处境。

　　当胡适站在思想的高度来看《儿女英雄传》时，认为此书是一部迂腐的书。因为书中，所谓"英雄"，也不过是"使气角力"的邓九公、十三妹之流，所谓"儿女"也是脱不去才子佳人夫荣妻贵观念的儿女。书中的思想见解只是一个迂腐的八旗老官僚在穷困潦倒里做的如意梦。

---

① 胡适：《〈儿女英雄传〉序》。

　　但胡适认为不能因为《儿女英雄传》有了拙劣的思想就完全否定其价值意义，此书的最宝贵处是言语的生动，笔调的诙谐与风趣。读者能在阅读过程中不自觉地忘掉内容的浅薄，忽略思想的迂腐，这就是本书的魅力所在，"《儿女英雄传》的最大长处在于说话的生动与风趣。为了这点子语言上的风趣，我真愿意轻轻地放过这书的许多陋见与腐气"。胡适肯定，这样一本重在形式风趣的书，"只是一种消闲的文学，没有什么微言大义"①。

　　应该说，在中国新文学的初期，人们对小说的评价主要还是站在思想内容方面，较少从形式角度进行褒贬，胡适能从语言与笔致的角度充分肯定《儿女英雄传》的长处，这是比较难得的。胡适注重文学本身，更注重文学趣味，从而反映了胡适的文学批评观。更为重要的是，胡适肯定"消闲的文学"也有一席地位，也是文学的重要一支，这在中国新文学批评史上是值得人们充分重视的。

---

① 胡适：《〈儿女英雄传〉序》。

偶得珍本《文木山房集》

　　吴敬梓以其《儒林外史》闻名于世，然而，对他的其他作品，人们却知之不多也不详细。吴敬梓除了《儒林外史》外，还有《诗说》和《文木山房集》。《诗说》共七卷，无刻本，大概已不可得了。《文木山房集》《全椒志》有十二卷，这部十二卷的全集也无刻本。亚匏先生说原来他家里有手抄本，但后来战乱遗失了。

　　也可能是《儒林外史》的精妙，也可能是胡适与吴敬梓是老乡，胡适对吴敬梓怀有一份特殊的感情，对吴敬梓的遗著胡适总是千方百计寻求。也许胡适自己也知道，吴敬梓的遗著很可能存世寥寥，能搜求到手可是天大的乐事，然而，胡适总是"痴想他的诗文集也许有别本保存在世间"①。怀着一线希望，胡适曾托北京的几家书铺代他访求《文木山房集》，但一直没有找到。正当胡适不抱希望的时候，1921年，带经堂书铺为胡适访着了此书。这本书包括赋一卷，有赋四篇；诗二卷，有诗一百三十篇；词一卷，有词四十七阕。另外，书中还附有吴敬梓儿子荀叔先生的诗一卷，词一卷。

认真阅读了《文木山房集》，对作品和序文也做了认真的研究后，胡适得出结论认为这部集子里收的诗词大概都是文木先生四十岁以前的作品。这部集子大概刻于乾隆五年左右。能在吴敬梓去世二百年后无意发现《文木山房集》的初刻本，胡适还真有点儿得意，也有点儿庆幸，"居然能在灰烬之余得读他的韵文一百八十二篇之多，这也算是不幸中之大幸了"②。在胡适看来，中国古代不少小说家的文集都没有留存下来，其中恐怕只有两位吴姓留下来了，一是吴承恩，一为吴敬梓了。值得注意的是，《文木山房集》里保存了不少作家的传记材料，如《减字木兰花》词八首可考证吴敬梓三十岁之前的经历；《移家赋》可考证出吴敬梓的家世和他的家乡观念。胡适说如果把这些材料与《儒林外史》比较，肯定会获益匪浅。书中吴敬梓儿子荀叔先生是著名的

---

① 《胡适书评序跋集》，第135页。
② 《胡适书评序跋集》，第136页。

文学家和算学家，而他的遗著都失传了，在《文木山房集》中能保留荀叔先生的诗五十二首，词二十五首，这是相当珍贵的。

胡适当然也指出《文木山房集》的局限，一是吴敬梓最后十四五年的诗词未被选录；二是集中只有韵文，没有散文。

后来，亚匏先生的儿子仍珠先生得知胡适收集到了吴敬梓的《文木山房集》，向胡适借去一观。仍珠先生担心这是存世珍本，一旦失去，那就后悔莫及了。他遵照父亲的遗嘱，出资印出一千部《文木山房集》，从而使这部稀世珍本得以流传于世。胡适对亚匏父子这种爱书、重书且重义疏财的高风亮节非常钦敬，并给予很高的评价。

叫好《海上花列传》

　　《海上花列传》的作者自称是"花也怜侬"。通过蒋瑞藻的《小说考证》可知，"花也怜侬"即是松江的韩子云。他为人风流蕴藉，善好围棋，曾做报馆编辑，以出入妓馆为乐。至于韩子云的更多材料，就难得尽知了。

　　为了弄清楚《海上花列传》，必须先了解作者韩子云的历史，这是胡适做的第一步工作。他先托陈陶遗向松江打听韩子云的历史。但由于陈陶遗很快当上了江苏省省长，一时也难以访清楚韩子云的情况。但陈陶遗向胡适提供了一条重要线索，说孙玉声（海上漱石生）与韩子云有旧交，他或许能提供一些材料。正当胡适准备拜访孙玉声时，孙玉声的《退醒庐笔记》出版了。胡适一见到广告，立即买回一本。可喜的是，在孙著中确有一条"海上花列传"。

　　此条目中又有不少关于韩子云的新材料，比如，他"博雅能文，自成一家言，不屑傍人门户"；比如，他与孙玉声曾科举考试南归，途中无事，二人易稿互读未曾完成的小说。韩子云的小说原名为《花国春秋》，完成了二十四回；孙玉声的为《海上繁华梦》，完成了二十一回。韩子云对自己的书名不甚满意，拟改为《海上花》。又如，孙玉声提出，书中的吴语方言改成通俗白话为佳，而韩子云则认为，"曹雪芹撰《石头记》皆操京语，我书安见不可以操吴语"。再如，二书后来均出版，韩著易名为《海上花列传》，只是"绝好笔墨竟不获风行于时"，"而《京华梦》则年必再版，所销已不知几十万册"。

　　胡适看了书中这一条目后，立即给孙玉声写信，向他提问几个问题。一是韩子云的"考名"是什么，二是韩子云的生卒时间，三是韩子云的其他事迹。孙玉声回信说，这几个问题他都回答不出，但他答应托朋友代为调查一下。

　　后来，孙玉声先生亲自来见胡适，并带来了一张《小时报》，上面有"松江颠公"的一条《懒窝随笔》，题为《海上花列传之著作者》。这是一篇长文，它说因为当时小说被人们认为是末技，人们并不愿意透露自己的真实姓名，故《海上花列传》的作者自称是"花也怜侬"，其实，这个"花也怜侬"的真实姓名是韩邦庆，字子云，别号太仙，又自署大一山人，"作者自幼随父宦游京师，资质极聪慧，读书别有神悟"。后来，屡试不中，从此淡于功名。为人洒脱，虽家穷，但不以金钱为重，弹琴赋诗，尤精围棋，气度闲雅，常有警语妙句。颠公也说韩邦庆的《海上花列传》出版后因以苏白吴语而不为人推崇。书印出不久，韩氏即命归西天，仅活了三十八岁。韩夫人严氏年七十五岁，尚健在，她比韩邦庆约长五岁。

胡适由此推断，韩子云当生于1856年，死于1894年。

又过了数月，《时报》又登出一条《懒窝随笔》，题目是《太仙漫稿》，对韩子云又有些补充材料。文中说，韩氏入京考试时，携带短篇小说和杂作两册，署《太仙漫稿》。"小说笔意略近《聊斋》，而诙诡奇诞，又类似庄、列之寓言。都中同人皆啧啧叹赏，誉为奇才"，"君生性疏懒，凡有著述，随手散弃"。

胡适搞清了作者的历史，而后结合作品进行研究，对以往的既成结论提出质疑。

据1922年上海清华书局重排本《海上花》中的许廑父在序中所说，书中的人物赵朴斋是个无赖，后成为巨富。当赵朴斋刚堕落时，其妹被卖到妓院，韩子云曾救济过赵朴斋。等到赵朴斋发迹，而韩子云窘迫，韩向赵借百金，赵不借。于是韩做《海上花》以讥讽赵。此书最后毁于赵氏，因为赵朴斋花巨款尽将《海上花》买来焚烧了。后来人害怕此事，就不敢再印此书。

鲁迅的《中国小说史略》也引用一种传说，认为《海上花列传》中的人物多有其人，只是隐其真姓名而已，只有赵朴斋用其真名。传说韩子云是赵朴斋挚友，他常常得到赵的接济，时日渐久，二人反目，韩于是写了此书以诽谤赵。书印到第二十八回，赵用重金贿赂韩，韩才罢笔。因为书已经风行，等到赵死后，韩继续续写《海上花列传》以获利，并且将赵的妹妹写成了娼妓。

胡适认为，这些传闻不仅败坏了作者的声誉与人格，而且也损害了《海上花列传》的价值，必须对其进行辨析。

胡适将上面许廑父和鲁迅两人的说法进行对比，认为其矛盾处有三，进而认为，"这些矛盾之处，都可以教我们明白这种传说是出于揣测臆造"。胡适还根据孙玉声的记载，说韩子云做二十四回时还未穷困潦倒，第二年二月即印出第一、二回，于是胡适得出结论："我们明白这一层事实，便知道韩子云决不至于为了借一百块钱不成而做一部二十五万字的书来报仇的。"最后，胡适总结道："聪明的读者！请你们把谣言丢开，把成见撇开，跟我来重读这一部很有文学风趣的小说。"

1925年10月，胡适与高梦旦、郑振铎去游南京。郑振铎整天去逛旧书摊，找到不少旧版的有价值的小说。有一天，郑振铎兴高采烈地跑回旅馆，告诉胡适说他找到了一部宝贝，这就是《海上奇书》。

《海上奇书》是定期的"绣像小说"，他的第一期里就有韩子云的《太仙漫稿》和《海上花列传》两回。胡适说："最可宝贵的是《海上奇书》保存的《海上花列传·例言》。每一期的封面后幅上，印有一条例言。"例言最直接地说出韩书的价值，如作者自己说全书笔法从《儒林外史》脱化而出，唯穿插藏闪之法则在小说中前所未有。胡适认为，《海上花》是一部有组织的书，至少作者在技术上进行了一种试验，令人钦敬。但"《海上花》的特别长处不在他的'穿插、藏闪'的笔法，而在于他的'无雷同，无矛盾'的描写个性"。

胡适最看重《海上花列传》之处还在于其语言。他曾一度表示说："但是《海上花》的作者的最大贡献还在他的采用苏州土话。""我们要知道，在三十多年前，用吴语做小说还是破天荒的事。《海上花》是苏州土话的文学的第一部杰作。""苏州土白的文学的正式成立，要从《海上花》算起。"胡适甚至将韩子云"关于用吴语写作要与曹雪芹相比美的宣言"视为"有计划的文学革命"。因为吴语方言使《海上花列传》描写细致传神，在"平淡而近自然"（鲁迅评语）之中令人感到余味无穷。其实，从中国文学发展的历史上看，好的文学作品都离不开方言土语，因为如此极容易表现地方文化和人物的个性。如《红楼梦》《儒林外史》《水浒传》《金瓶梅》《三侠五义》《小五义》等都注意采用方言土语，从而增强了作品的表现力。在中国文学史上，有四种方言产生了不少文学作品，最突出的是北京话，其次是山东话，还有苏州话和广州话。由于上海在近代中国历史上的特殊地位，吴语也因此渐渐为人重视。加之江南山清水秀，景色宜人，少女温柔美丽，吴中的软语更是有着不可忽视的地位。胡适甚至认为，"除了京语文学之外，吴语文学要算是最有势力又最有希望的方言文学了"。

为容庚考证版本

　　《红楼梦》最初只有抄本，没有刻本。抄本只有八十回，但不久就有人续做八十回《红楼梦》了。高鹗就是续作者之一。到了乾隆五十六年至五十七年（1791-1792）间，高鹗与程伟元合作把曹雪芹的《红楼梦》前八十回与高鹗的后四十回合起来，用活字排成一部，又加了一篇序文。这个一百二十回的《红楼梦》后来人们叫它"程本"。但因为第一次排印后，高鹗发现书中错处不少，于是又进行了校正，共校改约两万字。这样，程本实际上就有两个版本，一个是有错误的，叫"程甲本"，乾隆五十六年（1791年）排印，第二年发行；另一个是乾隆五十七年（1792年）改正后的，叫"程乙本"。胡适说他的朋友马幼渔教授藏有一部程甲本，此书是最先出世，一出来就风行一时，成为后来一切刻本的祖本。

容庚是胡适的好友，1925年前后，他在书摊上买了一部旧抄本的《红楼梦》，共有一百二十回。容先生不仅认为这个本子是程本以前的抄本，竟然大胆地断定这个一百二十回是曹雪芹的原本。他还做了一篇《〈红楼梦〉的本子问题——质疑胡适之俞平伯先生》，发表在北京大学《国学周刊》上。文章举出了他抄本文字上与程甲本及亚东本不同的地方，以证明他的抄本是程本以前的曹雪芹原本。比如容庚举出的一条异文即是宝玉的生年。在容氏的抄本里，有"不想隔了十几年，又生了一位公子"一句，而程甲本中则是"不想次年又生了一位公子"。

可能容庚没见过程乙本，也可能他根本就不知道程甲本外还有个程乙本，所以才闹出这样的笑话。其实，胡适自己就藏有乾隆壬子（1792年）程伟元第二次排版的"程乙本"。后来，汪原放先生标点《红楼梦》出版时还是用胡适的程乙本做底本的，因为汪先生不知道胡适藏有"程乙本"之前，就是用的道光壬辰（1832年）刻本为底本的。胡适藏的程乙本里对宝玉的生年就有这样的句子，"第二胎生了一位小姐，生在大年初一，就奇了。不想隔了十几年，又生了一位公子"。显然，容庚本与程乙本关于宝玉的生年说法一样。胡适还将容庚所举的异文与自己藏有的程乙本相对照，发现二者完全一样。

　　胡适于1926年夏天给容先生写了一封信，指出他的抄本是全抄程乙本的，底本正是高鹗第二次改订的本子，绝不是程刻本以前的曹雪芹原本。因为容庚举出的与程甲本不同的异文，胡适校考后认为都与程乙本完全相同。胡适还对容庚提到考证的原则，他说："凡作考据，有一个重要的原则，就是要注意可能性的大小。可能性（Probability）又叫着'几数'，又叫着'或然数'。就是事物在一定情境下能变出的花样。"①为了说明问题，他还举例解释，如果我们把一枚铜子扔到地上，或是正，或是反，其可能性正和反各占百分之五十，机会是均等的。将一个不倒翁扔到地上，因其头轻脚重，总是脚朝下，所以，其站立的概率为百分之百。

　　用同样的方法来看宝玉的生年也应该如是观。关于宝玉生年的可能性有两个。第一，原本是"隔了十几年"，而后人将它改为"次年"；第二，原本是"次年"，而后人将它改为"隔了十几年"。如果原本已是"隔了十几年"，那后人绝无将之改为"次年"的道理，因为《红楼梦》第十八回里有这样一段，"宝玉未入学之先，三四岁时已得贾妃口传授教了几本书，识了数千字在腹中；虽为姐弟，有如母子"。这说明宝玉与姐姐确是"隔了十几年"而不是"次年"。所以，程乙本与容庚所藏抄本中的"隔了十几年"正

_____

① 胡适：《重印乾隆壬子本〈红楼梦〉序》。

是晚出的铁证。

1927年夏天，胡适得了一本乾隆甲戌本（1754年）抄本《脂砚斋重评石头记》残本十六回，这是曹雪芹未死时的抄本，是世间最古的抄本。在这部书里，第二回记宝玉的生年就是写的"次年"，而不是"隔了十几年"。

胡适还对清代的后妃进行考察，确定了康熙、雍正和乾隆三朝并没有姓曹的妃子，说明贾元春这个妃子是虚构的。也正因此，曹雪芹写到她的时候前后才有矛盾之处，开始写她比宝玉大一岁，到十八回时写为差十几岁。如果贾妃历史上真有其人，曹雪芹大概不会将她与宝玉的关系弄错。正因后来高鹗发现其错误，才将"次年"改成"隔了十几年"。

胡适还指出容庚所举"慕贤良"和"参聚散"两段也是程乙本中有的，并不是程本之前的证明。容庚先生只见过马幼渔的程甲本，而没有看到胡适的程乙本，所以才容易犯这样的错误。胡适说，由于当年高鹗的修正本印出前，未修改就在社会上就已经广为流传，而程乙本倒流传不广，到民国初年时存世甚少。胡适所知道的也只有自己的一部原刻本和容庚先生的一部旧抄本。

胡适为容庚考证版本是很有意义的。一是坚持以版本为基础，而不是信口开河，正因为胡适对《红楼梦》的版本非常熟悉，所以他才能言之有据。尤其他自己藏有程乙本，所以可以与容庚的版本相对照。二是坚持考证的原则，注重可能性的大小，不能不顾情理随意说明，更不能过于武断，下过头的结论。三是求证的细致与严密，层层递进，逐渐分析，不得不令人信服。四是坚持真理，重视学问。与现今学界朋友间不负责任毫无原则地互相吹捧不同，胡适与容庚是朋友，但对学术问题是认真的，不掺以朋友情分。他们之间可以互相批评，可以互相否定，有时言语还是颇严厉的。然而，这些并不会影响他们的友情，相反，有时还会加深彼此的理解与友谊。

喜得"甲戌本"《红楼梦》

从1921年发表《〈红楼梦〉考证》开始，胡适进入了全面研究《红楼梦》的时期。在这一过程中，有一件事令胡适兴奋异常，这就是1927年夏天胡适得了一本乾隆甲戌（1754年）抄本《脂砚斋重评石头记》，简称为"甲戌本"。这个版本虽是一个残本，仅有十六回，但它的珍贵是无与伦比的。胡适自己曾说："到今天为止，这个甲戌本还是世间最古又最可宝贵的《红楼梦》写本。"

事情是这样的。1927年胡适从海外归来，收到一封信，信中说有一部抄本的"脂砚斋重评《石头记》"愿意转让给他。当时胡适认为"重评"的《石头记》大概是没有价值的。所以，胡适不想买，也就没有回信。1928年年初，新月书店的广告出来了，藏书的人就带着书来到店里让胡适看。

胡适一看，确认此本是海内最古的《石头记》抄本，于是毫不犹豫地用重金把书买了下来。

这部"甲戌本"的首页首行撕去了一角，胡适推想那是最早藏书人的图章被后来的藏书人撕去了。胡适买得此本时，上面有三方图章，一是"刘铨冨子重印"，一为"子重"，一为"仿眉"。第二十八回后有跋五条。另外，此版本每半页十二行，每行十八字。楷体。纸已黄脆了，已经做了一次装衬。第十三回首页缺了小半角，衬纸与原书接缝处印有"刘铨冨子重印"的图章。由此可见，装衬时是刘氏得到此书之时，这也是六十年前的事了。

"甲戌本"《红楼梦》的价值除了它的稀世珍贵之外，最重要的是对胡适的《红楼梦》研究产生很大的作用，它使胡适乃至于学术界的《红楼梦》研究进入了一个新阶段。在细致研究了"甲戌本"《红楼梦》后，胡适于1928年发表了《考证〈红楼梦〉的新材料》，此文长达一万八千字，提出了七点考证新意见。一是曹雪芹死于乾隆壬午除夕（1763年2月13日）；二是曹雪芹写《红楼梦》的初稿书名为《风月宝鉴》；三是脂批文字一部分是脂砚斋批的，一部分则出自作者曹雪芹之手；四是《红楼梦》为记述曹家事，"自叙传"一说已"颠扑不破"；五是证实"秦可卿淫丧天香楼"的情节与俞平伯的论证，甚至与一部旧红学的《红楼佚话》记载一致；六是在文字上，"甲戌本"许多地方胜过其他版本，所以，"甲戌本"的文学价值远在各本之上；七是可推断《红楼梦》在曹雪芹时是一部未完成的残本。[①]

胡适对这个"甲戌本"有着深厚的感情，将之视为生命的一部分。1948年，当胡适匆忙坐飞机离开北平时，他只随身带走两本书，一本是父亲的遗稿《胡铁花遗稿》，另一本就是"甲戌本"的《红楼梦》。为了不使这个《红楼梦》"人间孤本"失传，在1948年离开北平时，胡适让周汝昌兄弟用朱墨二色影写了一部副本。1951年，胡适客居美国时，他又在哥伦比亚大学为此书做了三套显微胶片。1961年，胡适在台湾又将这个珍本影印五百本，以纪念曹雪芹逝世二百周年。可见，在胡适心目中，这不仅仅是一个《红楼梦》孤本，它更重要的是中华民族的一份宝贵遗产，为了不让它失传，胡适做了大量的工作。

[①] 胡适：《考证〈红楼梦〉的新材料》；胡明：《胡适传论》（上），第482、483页。

三百年的女作家集

　　胡适与单不庵关系甚密，胡适曾在《胡适文存》的扉页写道："纪念最近失掉的朋友：李大钊先生，王国维先生，梁启超先生，单不庵先生。"其中就有单不庵，可见，胡适与单先生关系非同一般。

　　单不庵曾将他的姐姐钱夫人士厘女士的《清闺秀艺文略》五卷送给胡适，希望胡适为之作一篇序。胡适看完作品，认为对此书很有感想，有话要说。

　　这是一本专门录选女作家的书，女作家的选择范围最早起于明末殉难忠臣祈彪佳的夫人商景兰，至于现代健在的作者，中间共有三百年，入选的女作家多达二千三百一十人，其中的作品有近三千种。胡适认为，钱夫人的《清闺秀艺文略》在中国文化史上有重要的地位，无疑是一大发现。

胡适还将《清闺秀艺文略》中的女作家按照其籍贯做了一个统计表，从而得出结论，"这里面，江苏和浙江各占全国近三分之一。江浙两省加上安徽，便占了全国整整三分之二以上，再加上福建、湖南，便整整占了全国的四分之三"[①]。顾颉刚曾做了一部《清代著述考》虽未能完成，但结果与钱夫人的《清闺秀艺文略》相近，也是江苏、浙江、安徽三省作家为多。至于各省作家的分布也不平均，江苏集中在苏、松、常、太等地；浙江则以杭、嘉、湖为最多；安徽则以安庆、徽州为最多。

何以在三百年中竟有这么多女作家出现？胡适认为原因不外乎两点。一是中国旧文化环境恶劣，但仍压抑不住天才的脱出；二是在"书香"环境中，有天才的女子容易发挥其才能。钱夫人书中举出旌德某氏的三姐妹当年不为父亲所重却均有著述，而三姐妹的兄弟为父亲苦逼却一事无成，甚至有的服毒自杀。胡适由是说读书也是"有意栽花花不发，无心插柳柳成荫"。

胡适还举出了崔东壁夫人成静兰自序自己作品的艰苦创作历程，由此胡适说："故三百年中有这么多的女作家见于记载，并不是环境适宜于产生女作家，只是女作家偶然出于不适宜的环境之中，如果有更好的家庭境地和教育制度，

---

① 《胡适书评序跋集》，第227页。

这三百年的女子不应该只有一点点成绩。""这三百年中女作家的人数虽多，但她们的成绩都实在可怜的很！她们的作品绝大多数是毫无价值的。这是我们分析钱夫人的目录所得的最痛苦的印象。"①这近三千种的作品中，至少有百分之九十九是诗词，且大多是"绣余""纺余"等的诗词。在诗词中有成绩者不过几人而已。诗评最有名者为汪端的《明三十家诗》十六卷。诗词中真正有文学价值者仅有纪映淮和王采薇几人而已。

胡适因此指出，不肯教育女子，女子终不能有大成就；不许女子有学问，女子自然没有学说上的成就可言；不许女子说真话、写真情，女子的作品自然只能成为闺阁文艺。

但不管怎样说，钱夫人花十年之功，对三百年的女作家进行如此细致的编录，成绩不容抹杀，它是三百年文化史上的重大发现，其材料的价值最大。

胡适当然也指出了钱夫人书中的不足。一是各书皆未注明出处；二是作家年代有可考者未能注明；三是各书下未能标出"存""佚""知""见"。假如钱夫人能对此三点进行补充，此书的学术价值将会大大提高。胡适还为钱夫人著作提出建议。比如，《清闺秀艺文略》还遗漏了一些重要的作家与作品。这三百年中还有一些女作家的作品应该列入，

①《胡适书评序跋集》，第229页。

《笔生花》和《侠义佳人》即是两部影响大、流传广的书，尤其是《笔生花》一书最为重要。如果钱夫人能对此书进行考证，并将其列入《清闺秀艺文略》中，胡适认为，此书会更有价值。

看来，胡适读书非常重视材料的翔实与可靠，也非常讲究作品的细致程度与生命力，还非常重视书的现实意义。那些马马虎虎、浮光掠影的著作，胡适是不喜欢的。

纸短情长

　　就中国现代作家来说，胡适可能是最重视也是最喜爱日记这一体式的作家之一。他不仅喜爱读日记，还喜欢自己记日记。除了1918年外，从1910年到去世，胡适一直在坚持记日记。但有时胡适连续多日或简单记日记，或不记日记。如1917年，胡适从美国回国，曾在日本住了二十多天，其间他就没有记日记。所以这段时间的记忆就模糊了。能够弥补这一遗憾的是董授经先生的四卷日记《书舶庸谭》。

　　董先生自1926年年底避祸日本到1927年4月底回国，其间，他在日本访书求书会友，收获很大。而这些事迹，董先生都记在日记里。胡适看了董先生的日记后，认为"他有了这四卷的详细记载，不但替他自己留下了永久的纪念，还使我们读这书的人得着很大的益处……现在我读这四卷日记，想象这位六十岁的学者伏案校书的神情，真让我这个少年人惭愧汗下了"①。从胡适对董先生的评价里，我们可以看出胡适发自内心的赞佩。

胡适赞成董先生提出四卷日记的中心大旨有三点：一是访求古书。凡是遇到孤本，都要记下版式、题识，以便让同好共赏之。二是搜寻小说。即对流传于日本的旧本小说进行记录，以便对研究中国文学史的学者有所帮助。三是情诗的记录。

就第一点来说，胡适认为与一般的访书记不同的是，董先生的访书特别注重日本的藏书历史，金泽的略传、狩谷掖斋的详传、佐伯献书记、增上寺三藏的历史、高野山的详记、秘阁藏书的源流表，这些都有助于我们了解日本先代贵族学者提倡文艺的历史和精神。而南葵、东洋、静嘉堂诸文库，不过是对以往爱好文艺的遗风之继承而已。

就第二点来说，胡适认为董先生访求的小说和戏曲也很有意义。如内阁所藏的小说有《封神演义》，为明刻本，编者是许仲琳。此书作者在中国久无确认，此本可供考证用。

就第三点来说，胡适认为日记最重要者是描写人的性情，所以日记越细致越有史料价值。董先生不仅把小时候的逸事坦白于人，还将老年的各种梦记录下来。胡适说，这些

---

① 胡适：《〈书舶庸谭〉序》。

可供心理学家研究之用。胡适甚至说，如果遇上弗洛伊德派的专家，董氏的梦就更宝贵了。

　　除了董先生指出的三点外，胡适提醒读者还有一点应该特别注意，即4月25日补记庚子"拳祸"一篇。当时，董先生在围城中，又是监斩人，所以，这篇文字虽做于三十年后，仍应该有史料价值。

一本书引出的"奇案"

20世纪20年代末，徐志摩送给胡适一本书，名字叫《雪压轩集》。这本书由张寿林编选，收录的是女子贺双卿的诗词。

胡适读了《雪压轩集》后，觉得这本书不可信，可怀疑处甚多。于是胡适查对了许多书籍，对这本书进行辨伪，考证贺双卿是否真有其人。

首先说胡适的第一点怀疑。胡适认为，《雪压轩集》中的诗词都出自史震林的《西青散记》，在《西青散记》中，作者只称"双卿"，不称其姓。黄韵珊在《国朝词综续编》里才开始称"贺双卿"。可是在董潮的《东皋杂钞》卷三中引用了她的两首词，作者不是贺双卿，而说是张庆青。由此可见，史震林的"双卿"值得怀疑。

其次说胡适的第二点怀疑。《西青散记》记录双卿的事迹是从雍正壬子（1732年）到乾隆丙辰（1736年），而《东皋杂钞》自序在癸酉（1753年），二者相去不远，姓名却完全不同。徐乃昌说她是丹阳人，而董潮则说她是金坛人。

再次说胡适的第三点怀疑。在《东皋杂钞》中董潮说她"不以村愚怨其匹，有盐贾某百计谋之，终不可得。以艳语投之者，骂绝不答。可谓以礼自守"。而《西青散记》中的双卿则并没有"骂绝不答"的态度。

还要说胡适的第四点怀疑。《西青散记》说"雍正十年，双卿年十八"，但下文又说，雍正十一年癸丑"双卿年二十有一"。在同一书中两处不统一。

胡适还考证《西青散记》里记述的事情不近实情，令人难以置信。比如，书中记"芦叶方寸，淡墨若无"，又说芦叶上写《摸鱼儿》长调，还说竹叶上写《凤凰台上忆吹箫》长调，胡适认为这些记录都不近事实。因为一个农家苦力女子，病虐最厉害时还不得休息，她哪有闲情在竹叶上写绝细的小字呢？这是胡适的第五点怀疑。

在做了细致的考证提出以上五点怀疑的基础上，胡适得出了一个结论，"所以我疑心双卿是史震林悬空捏造出来的人物。后人不察，多信为真有其人，甚至于有人推为清朝第一女词人"[1]。

---

[1] 胡适：《贺双卿考》。

　　胡适进一步研究了《西青散记》里的作品，认为除了两篇游山记外，其余的都是虚构的才子佳人鬼话，不值得相信。《西青散记》里史震林写了"娟娟仙子""碧夜仙娥""白罗天女""清华神女"等人物，胡适说，双卿其实与史氏笔下这些仙女是一样人物，均属虚构而成。胡适还引史震林自己的一句"夫双卿犹梦耳。梦中所值，颠倒非一。觉而思之，亦无悔焉"来说明双卿确非有其人。

　　在胡适看来，史震林这般酸腐的文人有着自己的人生哲学和宗教，他们只是杜撰出一个女诗人、女词人填补自己的缺乏与空虚，而贺双卿实际上是穷酸才子在白日梦里"悬想"出来的"绝世之艳，绝世之慧，绝世之幽，绝世之贞"的佳人。

　　一本书的"书里"与"书外"胡适都不放过。此书读法，真如断一桩奇案一般，其中甘苦只有作者自知，难为外人道也！

神会和尚遗著"寻访记"

　　1930年，对胡适来说是重要的一年，因为在这一年，胡适考证出中国禅宗佛教的真正开山宗师应该是神会和尚。胡适还出版了《神会和尚遗集》一书，其中有神会和尚的几份卷子，有胡适写的神会传记，还有对卷子和传记进行的详细考订。胡适对这本书很自负的感觉，认为"这本书的问世实在是对重治中国禅宗史的一个里程碑"①。

　　按照传统的看法，禅宗的历史是这样的：自释迦以来，禅宗在印度传了二十八代，达摩到中国以后，禅宗在中国又传了六代。在六祖慧能之后，中国各门禅宗都是从六祖慧能一宗传下来的。胡适因为在写禅宗史初稿，越来越感到传统

①唐德刚译注：《胡适口述自传》，第243页。

的禅宗史许多地方值得怀疑。当胡适读到慧能的一个弟子神会时，他对这个神会和尚产生了兴趣。

此时，由于资料的限制，胡适只读了关于神会的有限记载。后来，胡适到处寻找神会的研究资料。当读完中国所保存的有关资料，尤其翻完日本出版的《大藏经》和《续藏经》后，胡适终于找到了有关神会的大量资料。那些材料都是中国和尚和佛教徒写的，许多还是唐代的作品。唐代的史料使胡适更增添了对神会和尚的研究兴趣。比如，9世纪时，一个名叫宗密的和尚在谈到禅宗时曾对神会和尚的评价很高，认为神会是当时七个禅宗中的一个。即使如此，胡适此时所能找到的神会著述也仅有六百五十九字，这个短文对于了解禅宗史上的重要人物神会显然是远远不够的。

1926年，胡适以"中英庚款顾问委员会"中国方面三位委员之一的身份到欧洲去，胡适也希望这次公干能顺便在伦敦和巴黎查一下唐代留下来的有关禅宗的资料，看看有没有神会和尚的更多材料。

就敦煌的卷子保存状况来说，主要集中在三处，一是中国"北平图书馆"，二是伦敦"大英博物馆"，三是巴黎"法国国家图书馆"。除此之外，还有一些散卷被日本的收藏家收藏。但就卷子的质量来说，法国国家图书馆的藏本最有价值。因为当年买走敦煌卷子的法国人伯希和是汉学家，又懂一些中亚细亚一带的方言，加上他又说服了看守洞窟的道士，有机会可以在洞中随便浏览、选择。这样，那些重抄的佛经伯希和一律不选，结果他带走的三四千卷都是进行选择的，是敦煌卷子的精华部分，比如像佛经著作、道教和儒家的写本、有名有姓有年月的佛经抄本、梵文和中亚细亚方言的写本。

敦煌写本大约是5世纪至11世纪（自北魏至北宋）的遗物，前后跨度为六百年，在地下尘封了近一千年，其价值可想而知。更重要的是，在敦煌一万余册的卷本，最先被瑞典籍的考古学家斯坦因带走七大车，而后又被法国汉学家伯希和选去三四千册精品。

胡适此次赴欧的一个重要目的就是想遍访伦敦、巴黎两处的敦煌藏经卷本，看一看其中能不能有新的发现。有幸的是，胡适在伦敦读了一百卷，在巴黎读了五十卷。令胡适惊喜不已的是，他真的发现许多有关中国禅宗史的重要资料，尤其是有关8世纪中国北派禅宗和其同时的其他宗派各支的资料。

胡适这次的欧洲之行最大的收获是在巴黎发现了三卷未注明作者和年代的有关神会和尚的资料，在伦敦也查到了一卷这样的残本。因为胡适此行目的明确，所以有关神会和尚的卷子他一看便知。胡适将这些卷子复制下来，成为1930年他的《神会和尚遗集》的重要内容。到此时，胡适已经找到了神会和尚的著述多达两万余字，远远超过六百五十九字。

　　胡适在巴黎发现的三份抄卷是过去一千二百年人所未闻，更是人所未见的。其中之一便是《神会和尚语录》，此卷很长。二是原题目为《菩提达摩南宗定是非论》，这是一份论争文献，是神会对北派禅宗的教义和道统的批判，因为南北派都自称自己是达摩的正统嫡传。第三卷也是属于论战文献。胡适说，他搜求禅宗史料的动机是试图找出8世纪禅宗创立的真相，如此，胡适不仅找到了神会和尚的语录，同时还找到了唐代文献中提到的南北二派的论争记录。

　　在伦敦，胡适发现的一卷经文也很有价值，这是在中国所留存下来的有关神会和尚六百五十九字著述的一部分。不过这一残卷却是神会和尚六百五十九字记录的最早抄本。

　　在对神会和尚的著述进行了搜集之后，胡适对神会和尚有了较全面和较准确的认识。比如，以往佛学家和佛学史家都认为《坛经》为慧能所做，而胡适则推翻此说，认为《坛经》实际是神会代笔的，其理由是，慧能是个文盲，而神会则博学多闻，最重要的《坛经》与慧能的弟子神会的著述是那么接近，许多地方都不谋而合。胡适断定《坛经》是神会的代笔作品。

　　胡适对神会和尚的全面研究在学术界产生了很大的影响，这是胡适本人也始料不及的。因为这牵扯到要重写中国禅宗史的问题，要肯定中国禅宗的开山之功的问题，需要肯定《坛经》的实际作者不是慧能而是神会的问题。《六祖坛经》在过去的一千二百年中是作为禅宗佛教最基本的经典存在的，是中国、日本和东南亚一些国家的一部圣书，现在指出它的作者不是六祖慧能而是他的弟子神会，其震动是可想而知的。

　　另有一件事值得一提，在胡适的《神会和尚遗集》出版两年后，日本学者根据胡适的著作，在日本又发现一卷有关神会和尚的经文，这是一份没有题目的卷子，被日本收藏家石井光雄收藏着。这是胡适发现的《神会和尚语录》（题目是胡适自己加上的）之一部。可惜的是，神会的这一卷题目到底是什么，人们不得而知。有趣的是，1959年，日本的另一位学者入矢义高在斯坦因收藏的敦煌经卷里又发现一卷经文，这与《神会和尚语录》的内容也相同。

　　在日本收藏家石井光雄的卷子被发现后的两年，即1934年，铃木大拙博士将此文与胡适的著作相参照，把它出版了。那是个活字版印本，书名是《禅宗大师神会语录》。这本书中有关神会的文字约一万五千字，其中有一半与胡适的《神会和尚语录》一样。铃木博士本中有一部分是从《菩提达摩南宗定是非论》中抄下来的。不久，铃木博士又在中国北平图书馆收藏的敦煌经文里发现了另一件神会作品。他将这一卷付印后加上自己的序言出版了。铃木博士也认为这一卷的内容与《六祖坛经》颇为相似。这与胡适的观点是一致的。

　　1956年，铃木博士路过巴黎，法国学者告诉他说他们又发现一卷神会经文。后来，胡适也买来一份影印本。1958年胡适对其进行了考证，认为卷子中包括两种神会遗著，一是《菩提达摩南宗定是非论》中的一大段节录，另一是包括神会与北方禅宗论争的内容部分。后来，法国学者又在伯希和的无标题卷子中发现了神会的一卷经书，这一卷与铃木博士在中国北平图书馆发现的那一卷内容相类，但完好无缺，还多了一个题目。这题目一开始便书名为《南阳和尚》。南阳和尚即是神会，因为神会曾在一座南阳庙里住了十年之久。

　　经过多年的检验，胡适认为，他所发现的神会和尚两万余字差不多是全璧了。

　　胡适以其读书的细致与敏感，以其博览群书的眼界与境界，以其坚韧不拔的毅力与个性，也以其治学的大胆假设和小心求证精神，最后终于解决了一千多年禅宗史上的一个重要问题，为中国禅宗发展史做出不少贡献。

《水浒传》版本

在20世纪20年代以前的三百年中，人们一直在读金圣叹的七十一回本《水浒传》，那时的读者很少有人知道除此之外还有别的版本。金圣叹这个版本确实是不错的，胡适说它是一部善本，人物性格描写得栩栩如生。

胡适此时手上也只有金圣叹的七十一回本和坊间通行而学者轻视的《征四寇》，据此，并参考了不少的旁证，胡适于1920年7月做了《〈水浒传〉考证》一文，文章提出了许多大胆的假设。比如，胡适指出这部《水浒传》不是金圣叹一人之作，而是经过长期的演变产生的。这其中也不知有多少作家，也不知经过多少年月，不断修正删改，最后才达到当时这个样子。但因为当时可依证据实在太少，所以许多结论都只停留在假设上。

　　胡适的《〈水浒传〉考证》发表后引起了不少学者的注意，于是开启了搜求《水浒传》版本的风气。在胡适的《〈水浒传〉考证》出版十个月里，胡适先后收到四个《水浒传》的版本。一、李卓吾批点的《忠义水浒传》百回本的第一至第十回，日本冈岛璞翻明刻本（1728年刻）。二、《忠义水浒传》百回本的日文译本，冈岛璞译（1907年排印）。三、《忠义水浒传》百十五回本，与《三国演义》合刻，名为《英雄谱》，坊间名为《汉宋奇书》（有熊飞的序，似初刻在崇祯末年）。四、百二十回本《水浒传》（1879年，大道堂藏版，有乾隆丙午年的序）。

　　除此之外，胡适还知道有两个版本。一是日本铃木虎雄收藏的百十回本《忠义水浒传》，也是与《三国志》合刻的《英雄谱》本。二是日本京都府立图书馆收藏的百二十回《忠义水浒传》，明刻本。这两个版本胡适虽未看到，但日本学者青木正儿把二书的回目和序例抄录寄给了他，所以其版本大概是可以了知一二的。

　　最令胡适自豪的是他竟买到了珍本百二十回本《忠义水浒传全书》。同时，他还一元钱一本买回数本廉价的一百五十回本，分赠给朋友，以此来说明自己的考证是有物可证而不是无的放矢的。

　　1921年6月，胡适根据以上六种版本，又做了一篇《〈水浒传〉后考》，除了提出新观点外，胡适还对《〈水浒传〉考证》的一些结论进行了某些补充。

1923年，胡适了解到除了自己的珍本百二十回本《忠义水浒传全书》外，涵芬楼还有一部。后来，北京孔德学校收有一部精刻本，胡适说其中的图画精美可爱。

1924年，李玄伯的侄子李兴秋在北京书摊上买了一部百回本《忠义水浒传》。李玄伯在《重刊〈忠义水浒传〉序》中说"观其墨色纸色，的确是明本。且第一册图上每有新安刻工姓名，尤足证明即郭英。在嘉靖年间刻于新安者。明代《水浒》面目，遂得重睹"。

胡适说他虽未见到李兴秋先生的原本，但既书名为《忠义水浒传》，当非郭武定的旧本，因为从百二十回本发凡上知道"忠义"二字乃李卓吾加上的。而新安刻工的姓名也不足为据，因为近几百年的刻工最精者莫过于徽州工人，至今还有刻墨印这一专业。所以，胡适断定李兴秋的本子为李卓吾《忠义水浒传》的一种版本，不是明本。

可以说，胡适对《水浒传》的版本学之兴起有开山之功，他对其版本的发展演变也颇有研究，自己的收藏也很值得自豪，《水浒传》版本的被发现与被勘证更为《水浒传》研究的进一步发展奠定了坚实的基础。

《北史》新得

　　胡适对中国传统文化一直比较关注。有的新文学先驱大声疾呼将中国古书扔进茅厕，而胡适却津津乐道细读它们。对《北史》，胡适的读法就非常仔细、独特，而且见解也非常新颖。

　　读《北史》时，胡适强烈地感到"铸像卜"对北方民族的深刻影响。他举例说，在《北史·高欢本纪》里，载有尔朱荣欲篡位，高欢直谏不听，为了做出最后的决定，"请铸像卜之"，因为铸像不成，于是也就停止登位。在《北史·高洋本纪》中，有徐之才劝帝受禅，"帝乃使李密卜之""帝乃铸像以卜之"。在《洛阳伽蓝记》（永宁寺下）中载有，尔朱荣与元天穆密谈，诸王之中哪个当立，一时难以定夺，"遂于晋阳，人各铸像不成"，只有长乐王子攸光的像有脚，而且端正肃穆，尔朱荣因此看中了长乐王。胡适不仅指出在继位、立储等方面需要"铸像卜"，在立皇后等事上也用铸像的方法。《北史·后妃传》有言，魏国每当立皇后时，"必令手铸金人，以成者为吉。不则不得立也"。道武皇后慕容氏当立时，"帝令后铸金人，成乃立之"。而道武宣穆皇后刘氏就是因为"铸金人不成"，而没有登后位。明元即位才追尊谥位。还有明元昭哀皇后姚氏也是因为"铸金人不成，未升尊位"，因为皇帝宠爱有加，想不顾铸金人失败立之，但姚氏谦而不当。

胡适又注意到魏国时曾努力订正北方的语音。在《北史》卷十九的《咸阳王禧传》中记载，孝文帝召见群臣，告诉他们说，从今以后不许说北方话。王禧非常赞成孝文帝的话。诏书上说，年龄在三十以上的，因为习惯难以立即改正，不必立即不说北方话。而三十以下，在朝廷做官的人，不能继续说北方话，如果有不改的人，要降职罢官。孝文帝曾和李冲谈及此事，李冲说，天下四方以谁的话为正音呢？就是以皇帝的话为正音。为什么还要改旧从新呢？孝文帝说，李冲说出这种话应该处死。为此，孝文帝批评李冲有负国家社稷。李冲摘下帽子向孝文帝谢罪。

胡适还注意到《北史》里记录了不少关于男色的事情，并认为这在当时是一种世风。在北齐《废帝殷本纪》中记载，天保九年，太子监国，把儒士们集中起来讲《孝经》。

太子传令问国子助教许散愁，他的立世依靠的是什么。许散愁回答说："散愁自少以来，不登娈童之床，不入季女之室，服膺简策，不知老之将至。"胡适解释称，"此答可见'娈童'之好，在当时是平常的事"。《汝南王悦传》中记载，元悦的妻子阎氏，生一子，不受重视。有一个叫崔延夏的与元悦往来，二人一起服用仙药松实白术之类的东西。元悦"又绝房中而更好男色"。在魏《彭城王韶传》中说，文宣帝高洋经常剃去王韶的鬓发，给他穿上女人的衣服，还为他涂脂抹粉，并跟他说"以彭城为嫔御"。

对于崔浩，胡适看到了他的种族观念。胡适在介绍崔浩之前，情不自禁站出来自己说话，"我读《崔浩传》，很感觉其人之伟大。崔浩一生颇有种族之感，故他对于北征，每次皆决胜，对于南征则每次皆阻挠，此非偶然之事也"[1]。《北史》说崔浩"书国事，备而不典，而石铭显在衢路，北人咸悉忿毒，相与构浩于帝"。胡适说这是崔浩老实记载北人之幼稚鄙野，可见崔氏当时有种族之见。胡适又说，崔浩的政见完全是汉儒的思想。崔浩生性不喜好老庄的书，每次读了不过几十行就扔下了，并认为这是不近人情的书，一定不是老子写的。因为在他看来，老子习礼，还是孔子的老师，怎么能说出这种乱世的话呢？崔浩还排斥佛教，他于

---

[1] 胡适：《读〈北史〉杂记》。

446年大毁佛法。他的妻子郭氏喜好释典，时时诵读。崔浩非常愤怒，将妻子读的佛典用火烧掉，并将烧的灰也扔到厕所里。佛教是外来宗教，胡适认为崔浩的这一举动也有着种族的意味。如果从这个方面来说，崔浩的种族主义有其意义，但他如此做法，视佛法如鬼魅，思想见解如此偏执，胡适是依据什么说"很感觉其人之伟大"，种族主义就不存在局限性吗？如此偏激的种族感不能不表现出相当的狭隘与保守。或许胡适过于考虑崔氏的时代性，也过于受胡适生活的年代之局限了。

北朝的女权是胡适读《北史》最重要的收获。胡适谈到北魏拓跋氏的旧制是后宫生了儿子，将立储君时，生母皆被赐死。所以当时宫中妃子皆愿生诸王公主，而不愿生太子。这一制度后来废除了。胡适认为，"这个制度虽是残酷不人道，然而其中涵义正是惧怕女后权大"[①]。胡适还举高欢的娄后说明北朝女子比南方女子要自由得多。娄后小的时候聪明颖悟，许多豪门大族聘她，她都不为所动，当见到高欢在城上守城时，惊呼说，高欢才是她的丈夫。这样"乃使婢通意，又数致私财，使以聘己。父母不得已而许焉"。后来，高欢因为外交关系，要与柔然通婚，娄后则劝他娶柔然公主。公主性情刚毅，一生不肯说汉语。

---

① 胡适：《读〈北史〉杂记》。

　　胡适还提出北朝女后中最独特的独孤后，她是隋文帝的皇后。她嫁给文帝时，二人恩爱非常，曾"誓无异生之子"。她最妒忌，后宫没有人敢接近皇帝。尉迟迥的孙女最有美色，文帝见到她大悦，因此得到宠爱。独孤知道此事，竟趁文帝临朝，暗地里将她杀死了。皇帝在大怒之余，也只有一走了事，并悲呼："吾贵为天子，不得自由。"独孤后的嫉妒不仅用在文帝身上，而且还用在与自己不相干的人身上。如见到朝中官员有妾生子，必劝文帝斥责他们。高颎的夫人死了，他的妾生男孩，独孤后对他更有意见了，在皇帝面前说高颎的坏话，让皇帝罢黜高氏。独孤后对儿子的纳妾宠妾也多表反对。看来，独孤后是极力反对纳妾的，她对妾有一种天然的反感。

　　在胡适看来，北朝妒忌之风还不限于独孤后一人，而是当时的一种社会风气。胡适引录这样一段话："妇人多幸遭今世，举朝略是无妾，天下殆皆一妻。设令人强志广娶，则家道离索，身事迍邅，内外亲知共相嗤怪。凡今之人通无准节，父母嫁女教之以妒。姑姐逢迎必相劝以忌。持制夫为妇德，以能妒为女工。自云受人欺，畏他笑我。王公犹自一心，以下何敢二意！"对这一段话，胡适说："很可以表示当日女子的威权！"①

————————————

① 胡适：《读〈北史〉杂记》。

　　总之，胡适在读《北史》时，眼光是用现代的眼光，史料是用历史的史料，在尊重历史的情况下，用现代的眼光来看取过去的历史，"女权主义""种族主义""男色之风""铸像卜"等都是如此。如果没有现代的审美眼光，那么，胡适在历史的沉积中是不容易注意这些有价值的材料的。当然，胡适在看取这些历史材料时，其现代的眼光今天看来也有一些值得思考的地方。

司马迁为商人辩护

胡适指出，中国的正统思想一向是主张均田均产和重农抑商的。如井田论、限民名田之议、王莽的均田制；如挫伤商人，不许商人乘车衣丝，驱逐农民归农的政策。均田均产的思想在中国历史上具有悠久的传统，从孔子到孟子，再到董仲舒、师丹、孔光都是如此。而重农抑商则起于一种错误的价值论，认为商人不劳而获，是不生利的阶级，他们获利依靠的是剥削农人的谋利之道，其代表人物是晁错和孔光。晁错说过，商人"男不耕耘，女不蚕织，衣必文采，食必梁肉，无农夫之苦，有阡陌之利"。

然而，在中国以儒生为代表的重农抑商、均田均产思想在司马迁这里却受到抵制。由于受道家思想的影响，司马迁对贫富不均的社会并不觉得奇怪，认为这是一种自然现象。

他认为，"天下熙熙，皆为利来；天下攘攘，皆为利往。夫千乘之王，万家之侯，百室之君，尚犹患贫，而况匹夫编户之民乎！"司马迁不仅承认商业阶级的兴起是一种自然现象，而且还认为商人是有益于社会的。社会和国家少不了商人，商人是在供给社会的需要时产生的。司马迁还曾有言："故待农而食之，虞而出之，工而成之，商而通之。此宁有政教发征期会哉？人各任其能，竭其力，以得所欲。"胡适赞赏司马迁把农工商虞（虞是指经营山泽采矿之业）四个职业分得一清二楚的作法，并认为司马迁"商而通之"的价值观很有价值。

胡适还肯定司马迁的"贫富观"。司马迁认为人的巧拙不同，这是一种自然现象，商人不是靠剥削，而是靠智慧来经商的。胡适引出司马迁赞赏的白圭观点，"吾治生产犹伊尹、吕尚之谋，孙吴用兵，商鞅行法是也，是故其智不足与权变，勇不足以决断，仁不能取予，强不能有所守"。这里明显承认营利致富是智能的报答，是为资本制度辩护的理论。胡适认为这"在中国史上最是不可多得的"[①]。司马迁的见解不要说在一千多年前，就是在商品经济得到很大发展的今天，也还是很有意义的。

司马迁的《史记》人皆读之，而较少有人从"经济思

---

① 《胡适文存》（四），第110页。

想"和"商人观"的角度来理解司马迁，胡适能注意到这一点，除了与他读书之精细有关，与他的思想观念、价值理想和心胸有关，很重要的一点就是他家里以经商为业。他曾在文章中谈到，"我家世代乡居。……历代都是靠小本经营为生的"①。胡适在上海读书时，他的哥哥就在上海开有茶庄，经营茶业。正是对经商有一种血脉的关联，胡适才能深切体会到商人的艰辛，也能充分体会到商人在社会中的贡献。所以读到司马迁有关商人的论述时才能引起强烈的共鸣。

---

① 唐德刚译注：《胡适口述自传》，第5页。

《王小航先生文存》的意义

　　1919年秋天，胡适当时借住在北京好友任叔永家里。有一天，有一位白发老人来访胡适，但正赶上胡适不在，老人就把一包书稿留下来，还留了一个自我介绍的字条。胡适回来后，才知道这位老人是王小航先生，而那包书稿是他的文章结集，希望胡适能给这本文存作序。

　　王小航先生颇有名气，他是同盟会革命志士，而且是官话字母的创始人。胡适对他非常敬仰，本想早去拜访，想不到老先生先来了。王小航先生来看胡适，最主要的原因是看了胡适与梁漱溟的辩论文章，很赞同胡适的观点。胡适知道了老先生与自己的意见一致，非常振奋，真如朋友故交，虽未见面，但心仪已久。带着愉快的心情，第二天，胡适一口气就把《王小航先生文存》读完了。此时，王小航虽已七十二岁了，但文稿中表现出的思想还是那么新颖，胡适更为兴奋，他称王小航为"老新党"，"在思想上，还是我的一个新同志"①。此时，胡适觉得与王小航真有相见恨晚之感。

第三天，胡适就到水东草堂回访王小航老先生，两人相谈甚欢。对胡适触动最大者是王小航非常沉痛地说："中国之大，竟寻不出几个明白的人，可叹可叹！"在胡适看来，中国虽不像王小航说的那样令人绝望，也有一些明白人，问题是有的人往往"太聪明""太明白"，所以总是不肯出来说实话、做实事。中国的落后与失败就在于缺少敢说实话的"傻子"。而通过读王小航的文稿及与之交谈，胡适认为王小航就是一个能说实话的"傻子"。

胡适最赞赏的是王小航在《贤者之责》一文中有这么八个字："朋友朋友，说真的吧。"当时，胡适读过此八字，颇受感动，认为这是王小航四十多年的一贯精神，也是王小航文存的主要精神。或许人们对王小航的思想、见解不一定赞同，但要说真话，敢说真话，这是谁也不能不赞同的。

王小航一直致力于"教育救国"的工作。1912年，他就发表了《救亡以教育为主脑论》，主张教育的目的在于使国人都必须有生活的知识；主张教育是政治的核心，而经济、

---

① 《胡适文存》（四）。

政治、外交和军事都是为实现教育目的的工具。到1930年，他又发表了《实心救国不暇张大其词》，仍坚持他的"教育救国"立场。胡适认为，"教育救国"似乎是老生常谈，是时髦人不屑谈论的问题，但王小航全然不顾，以为只要是正确的时髦不时髦还是其次。

王小航曾与康有为在戊戌年间进行过辩论。王小航认为，必须多立学堂，使国家风气渐渐有所改变，然后再实行新政。而康有为则说，列强正在眼前，如何有时间来教育救国？三十二年后，王小航再反思三十二年前的辩论，才认为国家根本仍在教育，教育上不去，别的一切都是空谈。虽然，从时间上说，百年才能树人，但就好像王小航说的"天下事哪有捷径"。胡适非常赞同王小航的观点，他呼吁说："我盼望全国的爱国君子想想这几句很平凡的真话，想想这位'三十余年拙论不离普及教育一语'的老新党，再问问我们的政府诸公：究竟我们还得等候几十年才可有普及教育？"①

---

① 《胡适文存》（四）。

与徐志摩联手研究
《醒世姻缘传》

以前，《醒世姻缘传》并不是很有名气，知道它的人不多，而觉得它好的人就更少了。20世纪20年代初，上海亚东图书馆将这部书编排好准备重印，让胡适为此书作序，就把清样放在胡适家里。因为胡适没有考证出《醒世姻缘传》的作者"西周生"是谁，所以清样在胡适家一待就是好几年。

1930年夏，徐志摩生病住院，胡适到医院去看他，他就向胡适借小说看。胡适拿来《醒世姻缘传》的清样本给他看。徐志摩看到这个清样本时间太久，纸张变黄，纸质又薄，说没有办法看，他甚至对胡适开玩笑，"这样的本子翻起来还不立即变成蝴蝶飞起来才怪呢"。其实，徐志摩很可能认为《醒世姻缘传》根本不值得一看。胡适知道，徐志摩可能没有看过此书，当然不知道其中的好处。因此，胡适劝徐志摩认真看一看，并告诉他这本书很有意思，也非常有趣儿。

有意思的是，过了两天，胡适再去医院看徐志摩，竟发现徐志摩与陆小曼在床上争着看《醒世姻缘传》。因此，胡适向徐志摩提议，他们两人合作完成《醒世姻缘传》，争取使之早日与读者见面。胡适自己为书做考证，而让徐志摩为书作一篇序。没想到，徐志摩满口答应下来，趣味盎然。于是，这两位文学史上的著名人物开始了一项极有趣也极有意思的合作工程。

还是在几年前，胡适就苦于难以考证《醒世姻缘传》的作者"西周生"为何许人。他研究了作品后，感到其结构是一个两世恶姻缘的故事，很有点儿像《聊斋志异》中的《江城》。于是，胡适大胆假设，说"西周生"的作者很可能就是《聊斋志异》的作者蒲松龄。由于当时胡适考证只是根据《聊斋志异》和《醒世姻缘传》两本书而进行的，所以他很难找到确凿的证据，工作一直拖延着。到1929年，胡适去北平买了一本邓之诚的《骨董琐记》，回来后发现其中有一记载，鲍廷博说蒲松龄是《醒世姻缘传》的作者。这一下可把胡适乐坏了，他的假设终于第一次在前人的记录中得到证实，这条史料无异于发现了一个新大陆。但是，由于这一记载较为简单，鲍廷博的话到底载于何书，邓著没有涉及，邓之诚本人也记不得了，这就使这一有力佐证之真实性与价值大打了折扣。

到胡适写成《〈醒世姻缘传〉考证》后九个月，即1932年8月，胡适的学生罗尔纲从父亲藏书《昭代丛书》癸集杨复吉《梦阑琐笔》中找到了鲍廷博所说的话之出处，并将此书寄给胡适。胡适接到这本书可真是如获至宝，他立即写成《后记二》，说明鲍廷博确实说过蒲松龄为《醒世姻缘传》的作者。

胡适接着考证了鲍廷博、赵起杲、杨复吉的生平与关系。鲍廷博是代替赵起杲刻《聊斋志异》的人，胡适认为鲍氏的话肯定是从赵氏处听来的。而杨复吉与鲍廷博是同时代人，都是乾隆至嘉庆年间的人，并且他们二人是很好的朋友。杨复吉的记录应该是亲自听鲍廷博说的。这样，胡适就找到了西周生就是蒲松龄的第一个证据。

胡适用来作为第二个证据的是孙楷第帮他找到的。孙楷第从《醒世姻缘传》中的地理、灾情、吉兆和人事入手，结合济南府县方志，得出以下结论。第一，《醒世姻缘传》中所写的地理确实是蒲松龄家乡章丘和淄川一带；第二，著作的写作年代在崇祯、康熙年间；第三，作者是蒲松龄，至少也是明清之际的章丘和淄川人。接着，胡适又根据《聊斋志异·纪灾前编》中证实《醒世姻缘传》的作者为蒲松龄，本书直到康熙四十二年（1701）前后还没有完成。

胡适用来作为第三条证据的是胡鉴初为他做的。胡适让胡鉴初将《醒世姻缘传》与《聊斋志异》二书中的白话词曲进行比较，看看是否出于同一人之手。结果二书的白话词曲非常相近，可断定为一人所作。

胡适对这篇《〈醒世姻缘传〉考证》非常满意，并认为它意义重大，它"可以做思想方法的一具实例"，"给将来教授思想方法的人添一个有趣味的例子"。胡适在文章开篇也将古人说的"鸳鸯绣取从君看，不把金针度与人"，改为"鸳鸯绣取从君看，要把金针度与人"。这既反映了胡适对此文的得意，又反映了他开阔的心胸。

对此篇文章的独特性，胡适的学生罗尔纲指出："这篇考证，在胡适全部考证工作中是独特的。他没有一篇考证长长不停探索了六七年，没有过一篇考证要人帮助才能写，更没有过一篇考证是由集体工作而后完成的。而胡适常以'大胆的假设，小心的求证'教人，他这篇《〈醒世姻缘传〉考证》正是用这个方法。"[1]

胡适这篇《〈醒世姻缘传〉考证》还有一个特点是应该强调的，这就是它与徐志摩的关系。如果没有徐志摩答应参与《醒世姻缘传》的序言写作，胡适也是难以用那么长的时间和耐心去做考证的，因为当时胡适一面忙着《中国哲学史》的修改，一面忙着准备撰写父亲年谱。徐志摩后来为

---

[1] 罗尔纲：《胡适琐记》，第156页。

《醒世姻缘传》作长文序，充分肯定其文学价值。胡适对徐志摩这一长序给予高度的评价，认为"志摩这篇序，长九千字，是他生平最长的，最谨严的议论文字"，此长序"生动的文字，活泼的风趣，聪明的见解，深厚的同情"①是很有价值的。

---

① 胡适：《〈醒世姻缘传〉考证·后记一》。

《四游记》和《西游记》

　　《四游记》与《西游记》不同，前面包括四种书：第一本是兰江吴元泰编的《东游志传》，记录的是八仙的传说故事；第二本是齐云杨至和编的《西游记传》，说的是唐僧取经的故事；第三本是仰止余象斗编的《南游志传》，记的是华光天王的故事；第四本也是仰止余象斗编的《北游志传》，记的是真武玄天上帝的出身。而《西游记》则是吴承恩的作品，叙述的是唐僧西天取经的故事。

　　胡适曾说："我的一部《四游记》有嘉庆十六年辛未（1811）明轩主人的总序，首云：'余肆业家塾，训授诸生，适友人持一帙示余曰，"此吴元泰、余仰止诸先生所纂《四游记》也。敢乞公一序以传。"'末云：'此书之谆谆觉世，……有裨于世道，足以刊行，是以为序。'"胡适还说："我所见的本子没有比这本子更古的。这可见《四游记》乃是嘉庆时书坊杂凑牟利的书，远在《西游》小说流行之后。"①

胡适个人推测说，东、南、北三种都是出现在《西游记》之后。而《西游记传》乃是一个妄人删割吴承恩《西游记》的结果。鲁迅也看到了《西游记》与《西游记传》二者的密切关系，他说："《西游记》全书次第与杨至和作四十一回本殆相等。"②胡适的观点是，杨至和《西游记传》其实全是依靠吴承恩《西游记》而来。胡适何以知道杨本是因承吴本的呢？其根据是二书前十四五回相同，而到后面，可能是由于篇幅的关系，杨本只能将吴本从八十五回压缩到二十六回，所以，不是吴承恩继承了杨至和，而是相反。

鲁迅曾误认为杨本是吴本前的祖本，他说："第九回记玄奘父母遇难及玄奘复仇之事，亦非事实，杨本皆无有，吴所加也。"③胡适指出鲁迅的错误在于他未将吴昌龄的元杂剧与吴承恩的《西游记》比较，没有注意后者是承袭前者"玄奘的父母遇难及后来复仇之事"的。至于杨本《西游记传》则相当简略，删去了复仇一节。胡适还指出鲁迅关于

---

① 《胡适文存》（二）。
②③ 鲁迅：《中国小说史略》。

"取《华光传》中之铁扇公主以配《西游记传》中仅见其名之牛魔王"①是一种错误见解。他论证说，显然是杨本删除了吴本，而不是如鲁迅所说的那样。

总之，胡适断定《四游记》中的《西游记传》是一个妄人硬加删节了吴承恩本的节本，而绝不是比吴本还要早的祖本。

---

① 鲁迅：《中国小说史略》。

"我不是藏书家"

严格说来，胡适的"书城"不是指他的"书房"，而是指他"大厅中的书架"。因为胡适的学生罗尔纲曾写道："到北平后，胡适叫我做的第一件工作，是开书箱，把书取出来安排在书架上。先摆书架，客厅后过道大约摆三架，大厅用书架围成书城，胡适书房也摆三架，总共约二十架。"[1]但一般说来，这个"书城"又可称之为"书屋"，因为胡适曾这样写道："自从去年九月底出京后，和我的'书城'分手太久了，真有点想念他。"[2]这里，显然胡适不仅仅指"大厅中的书架"，而是泛指包括所有书籍的"书屋"。

---

[1] 罗尔纲：《胡适琐记》，第127页。
[2] 《胡适日记》，1926年12月17日。

何以称"书城"，而不称"书房"，主要在一个"城"字，重"高高围绕"之意。说明胡适家的书架既多又高又重，有如城堡，把个房间变成了一堵"城墙"。

胡适对书和书室有一种偏爱，有一份特殊的感情。他曾于1913年12月27日记下了自己参观了托尔斯泰的书室的情形，并盛赞托氏书室，认为室小而陋，一桌一椅而已，但其中的书却无数。胡适还曾说富兰克林喜欢读书，每次得书总是大喜，日夜窃读之。后来竟不食肉荤，为的是省下钱来买书，而那时的富兰克林才十六岁。

总体说来，胡适的夫人江冬秀不喜欢这些书架，远不如胡适那么偏爱，有时甚至讨厌它们。胡适当然也深知这一点，他曾与自己的秘书谈道："我的太太以前对人家说：适之造的房子，给活人住的地方少，给死人住的地方多。这些书，都是死人遗留下来的东西。"①江冬秀喜欢的是打麻将，家搬到哪里，麻将桌就跟到哪里，胡适的家里常常是高朋满座，打麻将的人总是满满的。夫妻二人在此形成了极大的反差，一个酷爱读书，一个是麻将迷。

还是在留学美国期间，胡适就写信劝告江冬秀让她得闲多读读书，丰富一下自己。1911年5月20日，胡适在写给江冬秀的信里说："前曾于吾母处得见姐所作字，字迹亦

---

① 胡颂平：《胡适之先生晚年谈话录》。

娟好可喜。唯似不甚能达意，想是不多读书识字之过。姐现尚有工夫读书否？甚愿有工夫时，能温习旧日所读之书。如来吾家时，可取聪侄所读之书温习一二。如有不能明白之处，即令侄辈为一讲解。虽不能有大益，然终胜于不读书，坐令荒疏也。"1914年7月8日，胡适又给江冬秀一信，其中说道："如有暇日，望稍稍读书识字。今世妇女能多读书识字，有许多利益，不可不图也。"结婚后，胡适也劝过妻子，不要把"家常"和"打麻将"当成下半生的事业。然而，不论是劝说也好，身体力行也罢，江冬秀一直不为所动，也不为改变。直到晚年胡适还不无感慨，"四十余年，我从没有影响我的太太"。早在1920年，胡适与江冬秀的生日赶到一日，胡适于是作了一首诗《我们的双生日——赠冬秀》，诗是这样写的：

他干涉我病里看书，

常说，"你又不要命了！"

我也恼他干涉我，

常说："你闹，我更要病了！"

我们常常这样吵嘴，——

每回吵过也就好了。

今天是我们的双生日，

我们订约，今天不许吵了！

我可忍不住要做一首生日诗，

他喊道，"哼！又做什么诗了！"

要不是我抢的快，这首诗早被他撕了。

这当然是一首幽默诗，但其中也透露出胡适对妻子的不满。妻子虽出于一片好心，但由于她不懂胡适的生活方式，也不理解胡适的心态，所以对胡适病中读书视为有损健康，不允胡适读书，然而，就在这种好心好意之中，已包含了她对胡适的最大伤害。还有比不允喜爱读书者读书更"残酷"吗？在胡适看来，自己平日时间急迫，无暇尽情读书，而生病了，正可心平气和地读读书，何其快哉的事！可江冬秀哪能理解这么深刻的东西呢？当然，胡适并不是一个自私的人，也不是一个用自己的兴趣与爱好规范别人的人，尽管他希望妻子能与自己志同道合，但并不强迫妻子做自己不愿意做的事。相反，他还能体谅妻子，处处为她着想。除了自己有时陪妻子和朋友们打打麻将，在临终时还嘱咐秘书为江冬秀买一处可打麻将的房子，因为他们住的"中央研究院"禁止打麻将，从中可见胡适之善解人意。

不过，胡适的内心还是更喜欢妻子与自己一样爱书、读书，因为夫妻共读的情调在中国文人看来可能是最理想的境界了。这种夫妻"共同读书图"在李清照夫妇、赵孟頫夫妇、沈复夫妇那里都曾发生过，《红楼梦》里宝玉、黛玉读书图也给中国的文人平添了多少向往与憧憬。林语堂曾把这种"夫妻共同读书"的方式看成是文人最值得过的生活。胡适对此也十分崇尚吧？因为在1923年9月21日胡适的日记中有这样的记录："早晨，与娟同看《续侠隐记》第二十二回'阿托士夜遇丽人'一段故事，我说这个故事可演为一首纪事诗。后来娟遂催促我把这诗写成。我也觉得从散文译成诗，是一种有用的练习，遂写成《米桑》一篇，凡九节，每节四行，有韵（诗载《山月集》）。"这里的娟是曹佩声，她是胡适三嫂的妹妹，为胡适的婚外恋人。清晨，才子佳人共读书中恋爱的故事，如此令胡适心向往之。需补充说明的是，胡适与才女曹佩声的"共同读书"时间并不长久。由于种种原因，曹佩声后来与胡适不辞而别，到峨眉山做尼姑去了。这件事令胡适万分伤感。1939年的"七夕"这个特殊的日子，曹佩声寄来一词。词中极尽伤心处，满目肝肠寸断，一字字、一句句、一声声。这首词共五十余字。

> 孤啼孤啼，倩君西去，为我殷勤传意。
> 道她末路病呻吟，没半点生存活计。
>
> 忘名忘利，弃家弃职，来到峨嵋佛地。
> 慈悲菩萨有心留，却又被恩情牵系。

胡适接着写道："此外无一字，亦无住址，故我不能回信。邮印有'西川，万年寺，新开寺'八字可认。"[①]

当然，江冬秀并不是从来不读书，她虽不理解丈夫的事业，也不喜欢丈夫所读的、所写的书，但有时她也看看书。只是她所喜爱的是金庸的武侠小说。据唐德刚《胡适杂忆》中说："金庸巨著，胡老太太如数家珍。金君有幸，在胡家的书架上竟亦施施然与戴东原、崔东壁诸公揖让进退焉！"

至于胡适"书城"中的内容，石原皋曾在《闲话胡适》中称："研究学问的人都爱藏书，胡适更甚，他的藏书很多，约有四十书架。"而罗尔纲则认为石氏的说法有误，认为只有二十架左右。罗氏还认为胡适除了准备撰写中国哲学史的书籍外，其他方面的书都比较缺乏，像《资治通鉴》《文献通考》，甚至连对胡适无神论思想产生过重大影响的《神灭论》也没有。胡适是不求藏书更不求版本的那一类学者，他不是为了藏书而买书，而是为了自己的研究而买书。比如，胡适在建立家乡的图书馆时捐赠了不少图书，有的还是珍本，这即是很好的说明。因为，对那些版本收藏家来说，珍本就是他们的性命。

胡适的"书城"并没有编列书目，而是每本写上书头，按顺序排列好。因为胡适的记忆力非常好，他随时都可以把

---

① 《胡适日记》，1940年2月25日。

自己所需要的书从书架上取下来，而且很少出现错误。1934年秋，罗尔纲写了一篇《〈水浒传〉与天地会》，他拿去给胡适看。胡适看完后，就带罗尔纲到一个书架上从《大清律例》中抽取一册，打开有蓝纸条夹的地方，指着一条史料让罗尔纲加上。据罗尔纲说，他按胡适的意见加上这一例子发表出来，几十年这一例证都推不倒。胡适不研究天地会，而只是读书时有印象，多年后用到时，即可随手拈来，真令人佩服不已。

读书"三好"

　　每个人读书都有一些特殊的喜好，如有的人喜欢躺在床上读书，有的人却愿意一边吃饭一边读书，当然还有的人愿意一边走路一边读书，不一而足。而胡适的读书嗜好概括起来，即有"三好"。

　　一是喜爱夜读。翻开胡适的日记，我们感到胡适读书的时间很杂，什么时间都可读书，因为如果仅仅用大块时间读书那很难有这样完整的时间。但比较而言，胡适"夜读"的记载比较多，可随处见有"夜读美术史""夜读哲学史"等字样。何以夜读较别的时间为好？首先，晚上比较安静，尤其夜深，人们不会随意来打扰了，白天的工作此时停止，世间的烦忧亦可不理了，万物也都睡去了，自己甚至不必讲什么姿势，也不必考虑雅与俗，此时正可不受干扰全力以赴读书。中国历史上还有人裸体夜读，其情其景何其潇洒！其次，夜里时间比较长，也比较完整，许多大部头的作品尤其是文学作品就可在夜里来读，自己喜欢的作品也可一鼓作气读完。如1914年12月6日，胡适在日记中写道："韦莲司女士以英人毛莱（John Morley）之《姑息论》（*On Compromise*）相假，读之不忍释手，至晨二时半始毕。"又如1937年1月12日的日记中胡适写道："周先生（周作人，笔者注）又借我李圭（小池）《思痛记》，光绪六年刻的。他来书说：读此书印象比《扬州十日记》更深刻。我今晚一气读完，有同样的感想。""一气读完"，没有足够的时间谈何容易！再次，夜晚读书会有一种情调，一盏青灯、一本黄卷，与书中各式各样的人物会谈，这是何等的安心！

二是爱好在电车、厕所读书。一般人读书总是讲究条件，或是窗明几净，灯亮茶香；或是身处静室，无人打扰；或是酒足饭饱，心情和乐。胡适读书却不择环境，不重条件，有书即可读之。如妻子有时打麻将之声喧哗，胡适照样读书，不以为意。最有趣的是，胡适常常利用点滴时间读书，见缝插针，惜时如金，竟以在电车和厕所里读书为快。有的学者指出，胡适北京家中的厕所马桶边总是"放着几册书、一札纸、一支铅笔"[①]。胡适曾举例说王安石喜在马

---

① 胡不归：《胡适之先生传》。

上、枕上和厕所读书、构思，收益甚著，自己也曾记下自己的一段故事："有人赠我莎士比亚名剧《亨利第五》，全书三百八十余页，用薄纸印之，故全书仅广寸有余半，长二寸，厚不及半寸（英度），取携最便，因以置衣囊中，平日不读之，唯于厕上及电车中读之，约一月而读毕，此亦利用废弃光阴之一法。"①看来，问题的关键并不在读书的条件如何，真正喜欢读书的人，只要有了书，什么地方都可以读之。胡适嗜书如命，只要见了书，都要读之而后快，他哪里还会择取时间和地点呢？胡适在美国留学期间，曾将富兰克林的名言抄在自己日记的扉页上，这句名言就是："你爱生命吗？你若爱生命，就莫要浪费时间。因为时间是生命所由积成的原料。"

三是连贯读书。有的人读书随意翻阅，想读则读，不读即止。而胡适主张读书一定不可毫无计划地乱翻，而是应有一定的连贯性。这既包括时间的不间断，也包括读一本书要读完后再换另一本。所以，一旦哪一天没有读书，胡适就会自责。在胡适看来，每天坚持读书才不至于半途而废。如在1911年9月20日和23日的日记中，胡适写道："今日终日未读一书，何也？""今日匆匆竟未读书，何也？"而在1911年8月30日和1914年11月22日的日记中他又写道："连日读

---

① 《胡适日记》，1914年7月17日。

萧士壁（即莎士比亚）戏剧，日尽一种，亦殊有趣。""连日读《墨子》，颇有所得。"胡适还强调书要一本一本地读，如他在1911年6月18日给章希吕的信中直言："读书非毕一书勿读他书。"1913年10月9日，胡适在日记中写道："因念及此邦杂志太多，不能尽读，如每日能读一篇，得其大概，胜于翻阅全册随手置之多矣，胜读小说多矣。前此每得杂志，乱翻一过，辄复置之，真是失计。"可以说，这种连贯的读书方法可以使人集中时间与精力，印象也容易清楚，否则今天读这本，明天读那本，杂乱无章，读书不少，但收效一定甚微。

"今日"学生还不配读经

　　胡适的学生傅斯年1924年4月在《大公报》上发表了一篇文章，讨论学校读经的问题。胡适认为，文章写得很好，于是就在《独立评论》第146号上将这篇文章转载了。傅斯年的文章最重要之点即是谈六经之难读，汉儒和宋儒之解释皆不可凭信，不要说一般人，就是那些专家也不能说真正懂得。既然如此，学校让学生读经，无异于教师拿着半懂不懂的东西送给学生。其结果可想而知，这对学生的理智和人格会有什么益处？

　　胡适认为傅斯年的看法都是事实，可惜的是，当时的人们不相信它，今日提倡读经的人又哪里想过哪里知道五经对他们也是半懂不懂的东西呢？历代经学家又有谁肯承认他们对六经不能全懂呢？傅斯年故表示，"六经虽在专门家手中也是半懂半不懂的东西"，胡适认为这一看法也只是最近二三十年很少数专家的看法。

胡适之所以要让提倡读经的人明白这一点，就是为了不要误了孩子，让孩子也跟着受蒙欺，"知之为知之，不知为不知，是知也"。能明白六经之难读，可以说这是最新的经学，最新的治经方法。

创立新经学的大师王国维先生就曾说过六经之难读，他曾说："《诗》《书》为人人诵习之书，然于六艺中最难读。以弟之愚暗，于《书》所不能解者殆十之五；于《诗》，亦十之一二。此非独弟所不能解也，汉魏以来诸大师未尝不强为之说，然其说终不可通。以是知先儒亦不能解也。"①胡适对王国维这种观点非常赞赏，认为这是科学的起点，因为求知的动机必须出于诚恳地承认自己知识的缺乏。所以，在胡适看来，近代学问最博大精深的王国维尚且承认六经之难懂，这还不能让今日那些提倡学生读经的人反思吗？

至于古经为什么这样难懂，王国维认为其原因有三点。一是讹阙，二是古今语不同，三是成语意义与其中单语分别的意义又不同。胡适认为王国维强调的是底本和训诂的原因，而忽略文法问题。前人说经都不注意古文语法，只就字

---

① 王国维：《观堂集林》卷一。

面做训诂，所以处处"强为之说"，而不能令人满意。王念孙、王引之父子的《经传释词》开始用比较归纳的方法，指出前人把许多"词"误为"字"，这是一大进步。到《马氏文通》开始用别国语法做参考，对研究古经很有帮助。

胡适认为，中国古代的经典开始接受科学的研究方法是非常正确的路子。最近一二十年，学校开始废除了读经的功课，让经书完全摆脱村学究的胡说乱讲，而归之于专家学者的手中，这是引导经学走上正确道路的前提。胡适还指出，如果经过几十年的研究，新经学取得明显的成绩，人们不懂的部分越来越少，此时甚至可以将重要的经典译成白话，让一般人都能读得懂，会是一件多么令人开心的事。

严厉督责罗尔纲

　　提起罗尔纲，大家可能都知道他是著名的历史学家，尤其是太平天国史研究的权威。但他曾是胡适的学生和助手，并曾住在胡适家中多年，这恐怕不是谁都了解的。另外，胡适曾多次对罗尔纲的论文和著作提出批评，有的竟是毫不留情，这更是大家不容易知道的。透过胡适读学生的书，批评学生的书，以及罗尔纲的反应，我们可以从中领悟颇多。

　　胡适第一次对罗尔纲提出严肃的批评是在1935年春天。当时，罗尔纲在《大公报·图书副刊》第72期发表了一篇论文，题目是《聊斋文集的稿本及其价值》，据罗尔纲自己说，那是一篇为赚稿费维持生计的急就章。文章认为《聊斋文集》的价值就在《述刘氏行实》一篇，而其他各篇都是无端为人歌哭的，不能算是文学作品。接着罗氏下结论，"所以我们拿文学的眼光来批评《聊斋文集》，那是没有什么价值的"。

想不到，胡适读到这篇文章后，教训了罗尔纲。《述刘氏行实》确是篇好文章，但并不能说其他的作品就不是好作品，"你的话太武断了。一个人的判断代表他的见解。判断的不易，正如考证不易下结论一样。做文章要站得住。如何才站得住？就是，不要有罅隙给人家推翻"[①]。透过这件事，我们可以知道胡适读书之广之细，随便的一篇与自己研究有关的文章，他都非常认真地阅读。另外，对自己的学生，胡适要求格外严格，不包容、实事求是、直言不讳，可谓严师！更值得注意的是，罗尔纲对胡适的批评并没有表现出不满，而是回家后立刻将老师的意见记在自己发表的文章后面，以便引以为戒。后来，几经搬迁，但罗尔纲一直将这张副刊带在身边。

胡适对罗尔纲第二次批评是在1936年夏天。当时罗尔纲发表了《清代士大夫好利风气的由来》一文。文章中有一段把清代士大夫好利说成是当时清政府的提倡，并引证清代管同、郭嵩焘的话作证据。没想到，此文胡适也看到了。胡适读到这篇文章后，非常生气，立即写了一封信严厉批评

---

① 罗尔纲：《师门五年记·胡适琐记》。

罗尔纲，要他不可做此类文章，也要他言之有据，不可信口开河。胡适认为罗尔纲的文章有几处硬伤。一是选题不能成立。清代管同、郭嵩焘是旧式文人，他们任口说来，不可信的。做新史学的人必须用事实说话，"有几分证据，说几分话"。治史的人要大胆假设，但必须小心地求证。二是多做文章加强训练固然好，但文字不可轻易做，轻易就流于"滑"，流于"苟且"。此话甚为有理，切中了罗尔纲的弊处，真可谓金玉良言。罗尔纲接了信，大为羞愧，也十分恍惚。在感激老师的细心教诲和严加督责时，开始给胡适写信。令人吃惊的是，罗尔纲一连四个晚上给胡适写了一封长达数十页的信。信中除对自己认真检讨外，还表达了一定悔改前非，同时还向老师谈了他这一年的研究，并将自己准备"研究清代军制"的计划向胡适做了汇报。胡适收到罗尔纲的长信也非常感动，一天之内接连给罗尔纲回了两封信，信中仍坚持给学生提意见。比如，胡适在信中说对罗尔纲准备"研究清代军制"的计划是外行，提不出什么意见。但有一点他希望罗氏注意，就是"我读你的计划，微嫌它条理太好，系统太分明。……凡治史学，一切太整齐的系统，都是形迹可疑的，因为人事从来不会如此容易被装进一个太整齐的系统去"[1]。胡适还认为，罗尔纲还是应该排

---

[1] 罗尔纲：《师门五年记·胡适琐记》。

除人为的主观因素和主观见解，而是先认真地收集有关的材料作为自己的研究基础。当然，胡适也肯定罗尔纲有的文章是有价值的，如认为《益世报·史学》第29期上的《〈金石萃编〉唐碑补订偶记》是一篇有功力的文章，值得肯定。有趣的是，这篇文章并未注上罗尔纲的名字，而是罗尔纲用的笔名"幼梧"，而胡适却能一眼看出是罗尔纲的论文，足见胡适读文章之全面、认真与细致，也可见胡适对学生的理解。

胡适对罗尔纲的第三次批评是在1937年春天，当时罗尔纲刚出版了《太平天国史纲》一书，因为时间匆忙，有的材料并没有用上去。罗尔纲将这本书送给胡适，并向老师请教。胡适看了这本书后，责备了罗尔纲，"你写这本书专表扬太平天国……做历史家不应有主观，须要把事实的真相全盘托出来，如果忽略了一边，那便是片面的记载了。这是不对的。你又说五四新文学运动，是受了太平天国提倡通俗文学的影响，我还不曾读过太平天国的白话文哩"[1]。看来，胡适反对用今天的眼光去解释历史，更反对不严肃的读书和研究作风。罗尔纲自己也不断进行反省，认为自己是牵强附会，违反了章太炎的"戒妄牵"之信条，也违反了胡适的"有一分证据说一分话，有三分证据说三分话"的教导。

---

[1] 罗尔纲：《师门五年记·胡适琐记》。

　　胡适不仅读名家的著作认真细致，就是读学生的作品也是如此，一方面反映了胡适本人读书的态度与精神，另一方面又反映了胡适对学生要求之严格。也正因此，胡适能博览群书以通古今，能精益求精以擅考证，亦能名师出高徒。

介绍《人与医学》

　　1933年，北平协和医学校代理校长顾临先生让胡适帮忙，请人翻译西格里斯博士的《人与医学》。因为稿费由顾临先生个人负担，所以，胡适非常敬佩顾临先生的高风亮节，就答应为他找译者。恰好那时顾谦吉先生愿意担任这项工作，胡适就推荐顾谦吉先生去做这件事。因为胡适非常喜欢这本书，他答应自己担任此书的"润文"工作。

　　此书译出后，胡适对译本不太满意，主要是嫌译得太生硬，其中的错误也不少。但由于一直很忙，胡适也没有时间立即校核一遍。不得已，胡适在近一年半的时间里陆续校改了中文译作，以致译稿压了一年半才得以出版。

　　后来，美国罗宾生教授在协和医院做客座教授，胡适偶然与他谈起《人与医学》这本书。没想到，罗教授高兴地告诉胡适说，不但著者是他的朋友，而英文本的译者包以丝女士又是他的亲戚。这样，胡适就请罗教授为此书作一序文，将此书献给中国读者。

胡适非常欣赏西格里斯教授在自序中的一句话，"用一般文化做画布，在那上面画出医学的全景来——这是本书的计划，可以说是前人不曾做过的尝试"。胡适推崇的就是此点，这不单是一部医学发达史，也是一部用一般文化史做背景的医学史。总之，这部书的最大特点就是处处让人明白每一种新学理或新技术的历史文化背景。

胡适认为，这部书的另一特点是，它不仅是一部通俗医学史，也是一部最有趣味的医学常识教科书，一部用历史眼光写成的医学通论。所谓有趣，即每一章叙述的是一段历史，一个很有趣的历史故事。所谓历史眼光，即作者采用历史的叙述法来写医学通论。比如，书的结构顺序是先说人，依次说病人、病理、病因、病的治疗与预防，最后说医生。每一个大纲，每一个小节目，都是历史的叙述。

本来，这本书是为初级医生写的，想不到出版后，它竟成为一般读者喜爱的书。胡适对中国的读者说，医学学生都应该读读此书，而我们这些不学医的人也应该读读此书。为什么中国读者都应该读这本书呢？胡适指出，"因为我们实在太缺乏新医学的常识了。我们至今还保留着许多传统的信仰和习惯，平时往往使我们不爱护身体，不讲求卫生，有病时往往使我们胡乱投医吃药，甚至于使我们信任那些不曾脱离巫术的方法，甚至于使我们反对科学的医学。到了危急的时候，我们也许勉强去进一个新式医院；然而我们的愚昧往往使我们不了解医生，不了解看护，不了解医院的规矩。老实说，多数的中国人至今还不配做病人！不配做生病的人，一旦有了病，可就危险了！"[①]胡适的这一概括抓住了国人观念深处的东西，指出了深藏于中国人风俗习惯和文化心理中的弊病。

① 《胡适书评序跋集》，第517页。

章希吕谈胡适的书

章希吕，名恒望，安徽绩溪人，1892年生，1962年去世。早年曾就读于上海公洋大学、复旦公学，曾在中学任教多年。后任上海亚东图书馆编辑、负责北平《独立评论》的末校。后来，章从北平返回老家赋闲直至病逝。

章希吕作为胡适的同乡，又是兄弟相称的朋友，胡适请他帮助抄写书稿等多年，大约从1933年至1937年。实际上，章先生是胡适的私人秘书。章先生长期住在胡适家里，又是直接与胡适的书打交道，那么，他与胡适的书就有特殊关系，也有自己的见解。

首先，章希吕帮助胡适抄录了大量的书稿。1934年2月2日章先生的日记中记道："《藏晖室札记》因抄得太坏，整理吃力，现决计从卷六起重抄，带抄带整理。尚有十二卷约二十余万字，每日抄四千字计算，大约两个月可整理完，今天只抄了三千字。"罗尔纲在为胡适抄录整理胡适父亲的手稿时也曾说字迹相当难认，以致几个人的整理都没有进行下去。从手稿抄得太坏和整理吃力来看，胡适在此点上真有乃父之风。至于做事和做学问相当认真的胡适手稿何以如此潦草难认，倒是个有趣的问题。4月30日，章希吕又记下"把适兄做的《说儒》抄一二两章，计一万字，今天抄完"。在7月4日的日记中，章希吕又记有："《藏晖室札记》十七卷今天抄毕。此书约四十万字，足足弄了半年以上的工夫。把这个艰难工作做好，心稍放宽。"章先生不仅帮助抄写胡适的著作，有时还帮助抄写一些珍本。如8月9日章希吕在日记中写道："动手抄《青溪文集续编》，此书是新安程廷祚（绵庄）所撰，现已缺版。此书适兄从别处借来。"这本书就是孙人和先生所藏的本子了。

其次，章希吕为胡适找书。有时胡适急着用书，找不到，就让章希吕为他找出来。章先生在1935年6月24日的日记中有这样一条记录，"前为适兄寻《官礼今辨》的稿本，寻了五天都未寻得，今天又把在汽车间里十只箱子打开，费了一天工夫幸而寻得"。由此可见胡适藏书之多，也可见章先生找书之苦。

第三，章希吕还为胡适整理、校正书稿与藏书。1934年4月5日在章希吕的日记中写道："为适兄理杂志，都是出版者赠送的，约有二百种以上。"这可是个不少的数目，从中可见胡适与出版界与作者间的密切关系。4月20日的日记中，章希吕写道："《札记》卷十二整理完，弄到夜深二时睡。"1935年8月6日，章先生记下了为胡适编书目的情况，"一星期来只编成两架书的书目，每架约书一千册。适兄有架四十四个，约藏线装书四万余册，西文书十一架在外，杂志月刊都在外"。这一条记录非常重要，它说明胡适藏书的品种、数量，如此多的藏书真是令人惊奇。另外，石原皋先生也曾提起胡适的藏书之丰，"研究学问的人都爱藏书，胡适更甚，他的藏书很多，约有四十书架"[①]。需要说明的是，罗尔纲曾著文指出说石原皋的说法不确切，胡适的藏书约有二十架，说他有四十架不是事实。这里，章希吕也说胡适家中有四十架书，而依他住在胡适家多年是不可能有错的。那么，何以罗尔纲与章希吕这两个都不可能说错的人关于胡适的藏书架多少有这么大的差别呢？恐怕唯一的解释是，罗、章二人提及胡适藏书书架的时间有出入，罗氏说的是1930年前后刚到北平时，而章氏说的则是1934年5月。相去四年，当然藏书增长，书架亦随之增加。但这里也不排除二人有一人记忆失误，因为要在四年之内藏书增加一倍也非易事。1935年10月17日，章希吕在日记中还

---

① 石原皋：《闲话胡适》。

有一条记载，"《胡适论学近著》稿今天始搜齐，亦于今天校毕，计文六十九篇，附录十六篇，字数约四十一万字。《绩溪公墓启》一篇，适兄原意想删，吾以此文借书之销行亦可以让人家知道闭塞的绩溪在两年前已有公墓之发起，故为保存"。这里表明胡适的性格与品性，善于接纳他人的意见。

第四，读书与翻书。章希吕在胡适家中虽每日忙于抄书、校书和理书，但在繁忙之余，他也是近水楼台先得月，经常浏览一下胡适丰富的藏书。如1935年9月26日，章希吕在日记中载有"夜翻看适兄所藏绩溪人作的书"之句。这些书有胡澍的《素问校义》、胡秉虔的《说文管见》、胡肇昕的《仪礼正义正误》、胡培翚的《研六室文钞》，高孝本撰、汪泽注释的《绩溪杂感诗注释》，汪时甫的《味菜堂集》《味菜堂外集》《瑶天笙鹤词》《麝尘莲寸集》，蒲孙的《丹荃馆词》、胡仔的《孔子编年》、胡绍勋的《四书拾义》、胡澍抄本的《四书拾义》、胡肇昕的《斋中读书诗》、胡舜陟的《胡少师总集》、胡匡衷的《仪礼释官》。看来，胡适对家乡学者著述的收藏最丰富，这是长期用心收集的结果。

最后，保护书籍。1937年抗日战争全面爆发，胡适很快被任命驻美国大使，胡适的书籍来不及搬运，难免饱受战争之苦。到抗日战争胜利后的第二年，胡适给章希吕一封信，在章氏的回信中谈到十年前胡适的一些书籍的情况。从这封信中可知以下几件事。第一，胡适的书被装成七十木箱，编有一册书目，目录里还有一张白纸，记录了一些零碎的事情。另外，还有几只皮箱，存在浙江兴业，其中一只软皮箱里装有胡适的书稿，其余几只装的是书房里的东西。因为当时传说日本人要搜查，所以能够找到的东西，哪怕是只言片语，都被装进了箱子。第二，十余万册《独立评论》被伪公安局长潘毓桂全部运走了。第三，1934年，胡近仁曾在胡适处借了《绩溪县志》三部。胡近仁去世后，绩溪县志馆已无人负责，《万历志》与《康熙续志》竟不知道被谁偷去了，到后来也未查出来。《乾隆志》两函又在1940年冬天被敌机轰炸中失去，好在其中一函后来又在土中找到了。到1946年，这件下函还保存在章希吕处。

章希吕是与胡适的书籍发生关系最广泛、最深入，也是最长久的人，透过他对胡适书籍的记录与看法，我们可更多地了解有关胡适书籍甚至人品等多方面的情况。比如，胡适的藏书状况，胡适的书籍与历史与时代的关系，甚至胡适的读书与为人。从章希吕全力以赴帮助胡适整理书稿与书籍的情况看，其工作是枯燥的，也是相当劳累的，几乎是夜以继日地抄写，仅寻一本书就找了六日。而从二人的关系看，章希吕不像罗尔纲是胡适的学生，而是胡适的朋友，章氏总称胡适为"适兄"，二人的年岁相差也不大，胡适仅比章希吕大一岁。然而，章氏却任劳任怨，全力以赴为胡适作"嫁衣"，做一些最不起眼的事务性工作，其中缘由不免与胡适美好的人品有关。胡适豪爽慷慨，谦和有礼，心胸宽广，深受人们好评。章希吕曾记下一件令他感动的事。章希吕的父亲要过六十大寿，他想为老父亲买一件皮筒，但因不了解北京的商店与行情，就向胡适夫妇咨询，皮货店哪家是货真价实的。谁知过了几日，胡适夫妇竟为章氏买回一件，赠给章希吕父亲为祝寿礼物，且价值贵至四十五元。章希吕推辞再三，胡适夫妇坚持要送，章氏也只有收下。章希吕这样写他的感受，"想我来平数月，适兄嫂相待甚厚，已感不安。今天以贵重之物相赠，诚令我不知如何为谢"。如此肝胆相照，如何不令章氏感动？

叔侄信中谈书

胡适有一位族叔（不是本家）叫胡近仁，比胡适大五岁。二人一生有着深厚的友谊，长久保持通信联系。

胡近仁是绩溪县有名的饱学之士，十几岁时就考上了秀才。他天分高，又用功，家道富，藏书多。他与胡适虽不在一个学堂读书，但二人常常相见。更为重要的是，两人都愿意读小说，互相借阅、互相交流。可以说，他是与胡适友情开始最早，感情最内在，交往时间最久，彼此影响最深，也是最默契、信赖的朋友。1923年，胡近仁还参加了顾颉刚等人的古史大论战，他在史学上是反对顾颉刚的观点的。胡近仁还与胡适一起为家乡的图书馆、县志馆等做出了较大的贡献。只是后来胡近仁染上了鸦片，1935年去世，享年四十九岁。

值得注意的是，胡适成名后与胡近仁一直保持着密切的联系，彼此书信来往频繁。可以说，叔侄之间长久的书信交往是胡适研究很重要的资料，其中关于书的内容较多，更值得重视。

在美国留学期间，母亲为胡适借钱八十元买了一部《古今图书集成》，胡适给胡近仁写过一封信，感谢他在母亲买书时数日帮助查检书籍。在1916年4月13日的日记中记有"去年近仁为余写吴草庐《老子注》全书"一句。在给近仁的另一信中，胡适写道："昨日在友人处借得《小说月报》观之，深嫌其无一篇可看之文章，甚叹李伯元、吴趼人死后小说界之萧条也！"此时正是新文学开创的前夕，国内文学界一片漆黑，此信反映了胡适对国内文学非常不满，一场文学革命正在默默的酝酿之中。

在回国后的1918年5月2日，胡适在给胡近仁的一封信中说："冬秀出来时，请足下至吾家将一部《龙川集》一部《王文成公全集》检出令彼带来。"此时，新文化运动正如火如荼，而信中则反映出胡适仍没有间断对中国传统书籍的学习与研究，这与一般现代作家是不一样的。在人们最激进地反对读古书时，胡适对原典却仍情有独钟。

1920年11月6日，胡适给胡近仁写过一信，信中主要谈罗振玉的甲骨文研究，谈得更多的是国学研究问题。胡适写道："龟甲文字的研究，要算罗振玉先生为第一，故我把他的一本《殷商贞（占）卜文字考》另挂号寄给你。"信中胡适还说，文字学应该从字音方面入手，此为清代儒士的一大贡献，以前那些从字形入手的人如王安石多半是荒谬的。自清代学者注重音声假借、声类通转后，才算有了"科学的文字学"。章太炎先生的《国故论衡》上卷最宜先看，然后看他的《文始》。如果有顾炎武、江永、戴震、段玉裁、孔广森、钱大昕等人的书也可以参看。胡适还告诫近仁说，沈兼士的说法不可信，没有什么意思。胡适的这段话反映了他的文字学观和国学观。在信末，胡适告诉胡近仁，石鹤舫的诗词他已有了，是他近来向曹尚友借了一个刻本，请近仁不必再为他抄寄了。胡适又问起近仁的传记是否完成，并嘱咐他一定要注明材料的来源，只求确实，不求繁多。胡适认为，绩溪做传的人只有胡培系做的传最有价值，而胡培翚做的传为其次。胡适让胡近仁留意程秉钊先生的遗著，看看是否可以搜求，并说此事比修志更重大。信的最后，胡适提到胡近仁的《尝试》一诗中犯了一个大毛病，即抽象的言论太多，希望胡近仁读一下胡适的一篇论新诗的文章。因为胡适注重诗的具体，而反对过于抽象。这封信胡适谈到书的内容较多，甲骨文、文字学、传记和诗词都涉及了，还有借书、搜求书等内容。胡适知道近仁博学多闻，见识又好，又是个书迷，双方谈论这样的话题最令人兴奋。

1921年1月18日，胡适又给胡近仁一信，信中谈到他已收到了胡近仁寄来的《石鹤舫传》，并说"此传甚好，深合作传体裁"。信中主要为这本传提出几点不足。如小处有"唉，文人多穷……"，如胡适认为，"啦"字就是"了"字，用在此处不妥，所以删去，"实"改为"大概"好，"总而言之"四字也可删去。胡适又说他细校刻本，感到其中的诗词都非定本，篇数之去取，字句之异同，都远远不如胡适父亲的手抄本精当，这里似乎有研究的必要。胡适信中还托胡近仁为他查一下上庄的省志，看看能不能查到休宁人姚际恒的著作和事迹。在四库存目里有姚氏的《庸言录》一书。还有《九经通论》一书，各家的书目中都未有著录，他请胡近仁得空为他一查。从信中胡适对近仁传记的批评及托他查书一事可知胡适与胡近仁关系之密切与随意，也可见胡适对于传记真实与简洁的偏爱。胡适信末还告诉近仁，说他《绩溪小丛书》已搜得不少种了，等到有了余钱就可以陆续印出来了。

1930年7月11日，胡适给胡近仁的信中谈到家乡图书馆的建设问题。他建议"里中设图书馆事，不必大规模去做，只须有一所勉强可用之屋，一间储藏，一间阅览，有几十个书柜书架，有几千部书，便可成立，若侈谈几千元，几万元，则此事必无望了"。此处可见胡适对家乡文化事业建设与发展的殷殷之情。

1933年11月15日，胡适给胡近仁的信中提到书的内容，"有一事必不可不奉告：县志必须带到上海排印，千万不可刻木版"，"我藏的万历志、康熙志、乾隆志，当托便人带到城里交诸公参考，嘉庆志似可不必奉寄了"，"将来若有余资，似可将此四部志与罗氏《新安志》中绩溪的部分，合并付排印，托亚东办理此事，作为新志的附录。可惜正德志无法寻觅了"。可见胡适对家乡教育、文化事业的重视与热心。

总的来说，胡适给胡近仁的信中关于"书"的内容大致有三个方面。一是为家乡的图书馆、县志等设想，积极为家乡的教育、文化尽自己的微薄之力；二是与胡近仁论学读书，互相切磋。胡适学成回国后经常点拨胡近仁，处处表现出对他的关心；三是请胡近仁帮忙，这里主要是借书、寄书、捎书、寻书、抄书等与书有关的事情。可以说，自小时候两人互相借阅书籍起至四五十岁二人仍在信中互相帮助读书止，"书"成为他们之间的桥梁，书紧紧地连接着两个人的心。

与马君武"相得"与"疏离"

马君武，广西桂林人，1881年生，1940年去世。马君武早年留学日本，是同盟会的发起人之一，后两次留学德国，在柏林大学获博士学位。历任上海大厦大学、北京工业大学和中国公学校长。胡适与马君武的关系非常特殊，也富有戏剧性，二人经历了从"相得"至"疏离"的过程。值得提及的是，在二人的关系中，书籍在其间充当了重要的角色。

先说胡适与马君武的"相得"。胡适与马君武认识的时间很早，那是1906年夏天，胡适参加中国公学的入学考试。"中国公学"是以国文为中心的学校，所以全校师生都把国文好坏作为判断学生优劣的标准。这一年国文的入学考试题目是《言志》，学校总教习马君武对胡适的卷子十分赞赏，拿给几位先生看，先生们看了胡适的卷子都为之叫好，并赞赏马君武的"伯乐识得千里马"，中国公学又收到一名好学生。此时，胡适与马君武并不熟悉，但他以能够得到马先生的赏识为自豪。对马君武，胡适多有赞扬，他曾在中国公学竞业学会会刊《竞业旬报》上写了《闻所闻录》介绍马君武的读书生活，"吾未见有苦学如吾君武者也。少孤家贫，无以为学，其乡有某君者，藏书至富，君武往来其家，尽读其书"。胡适在美国留学时读书甚多，并将读书情况记在日记上。1911年9月27日，胡适在日记中提到马君武，"出游偶见书肆有亨利·乔治的《进步与贫穷》，忆君武曾道及此书，遂购以归，灯下读之。卷首有其子序一首，甚动人"。1914年8月11日，胡适在日记中也有对马君武的记载，"在杏佛处得见君武先生所刊诗稿，读之如见故人。最爱其《偕谢无量游扬州》一诗云：风云欲卷人才尽，时势不许江山闲。涛声寂寞明月没，我自扬州吊古还"。胡适在此日日记中还说，马君武先生的七古以《惜离别》和《贺高剑公新婚》为最好，七绝颇多佳句，五古以《慈母马浮》为最好，五律以《自上海至玛赛途中得诗》十首和《别桂林》四首最好。胡适还认为，马君武的《别中国公学学生》中"群贤各自勉，容易水成冰。合力救亡国，发心造远因"二十字，最得中国公学之精神。可见，此时胡适对马君武的诗大加赞赏，真有获益匪浅之感。1928年，胡适当上了中国公学校长兼文理学院院长，但因与国民党在人权问题上发生争执，胡适于1930年辞职，并推荐马君武继任。马君武开始由老师对学生胡适非常赞赏，到后来追随胡适，二人关系密切。

再说胡适与马君武的疏离。胡适对马君武也有过批评，如在美国留学期间，胡适曾说："裴伦之《哀希腊歌》，吾国译者，吾所知已有数人：最初为梁任公，所译见《新中国未来记》；马君武次之，见《新文学》；去年吾友张奚若来美，携有苏曼殊之译本，故得尽读之。兹三本者，梁译仅全诗十六章之二；君武所译多讹误，有全章尽失原意者；曼殊所译，似大谬之处尚少。"[①]可见，胡适对马君武的译诗评价最低，其译诗的"讹误"与"尽失原意"属于硬伤。1916年5月30日，马君武从欧洲回国，途经纽约，与胡适相见，据胡适1916年6月9日日记记载，"适与先生别九年矣"，二人"相见甚欢"，"先生留此五日，聚谈之时甚多"，这表明二人的情谊并没有中断，大有故友喜相逢之感。但这一天的日记中，胡适还记下了他对马君武十年国外读书之不满，君武"所专治之学术，非吾所能测其浅深。然颇觉其通常之思想眼光，十年以来，似无甚进步。其于欧洲之思想文学，似亦无所心得。先生负国中重望，大可有为，顾十年之

---

① 《胡适日记》，1914年2月3日。

预备不过如此，吾不独为先生惜，亦为社会国家惜也"。
1939年，胡适公开出版了他的日记，对这一段批评马君武的话没有做过修正或删除。哪知马君武看到这些话后非常难过。对胡适，他虽没有授业之功，但也是老师，而在学生胡适眼中自己竟是如此不为所重。由此，二人感情渐渐疏远。巧合的是，胡适公布这段日记的第二年，即1940年，马君武去世，享年五十九岁。

从胡适日记看，胡适对马君武的批评不是从人格、学问角度，也不是从友情方面来说的，甚至胡适对马君武的友情也溢于言表，并没有随着十年的时间而逝去。他对马君武的批评主要是站在思想观念和文学观念的角度，主要是站在国家与民族发展的角度来谈的。在胡适看来，十年的欧洲之旅、十载的寒窗苦读，马君武总该有些独到的见解，总该对祖国伤病的医治有些"良药"吧？然而，在数日的谈话中，胡适觉得马君武见识与眼光"似无甚进步"，于是大感失望，觉得马先生有负国家国人之期望。胡适的心目中也许希望马君武能像他一样有着文学与思想革命的大志。

不过，站在马君武的角度看，胡适的批评也未免太不留余地了。作为同盟会的发起人之一、中国数所大学的校长、胡适数十年的师友、胡适学说的追随者，这则二十多年前的日记给马君武的打击毕竟太大，它无疑是一枚炸弹，击中的是一颗本来就受伤的心灵（马君武少孤家贫，靠苦学成材），更何况十年欧洲留学可能是马君武一生中最感欣慰也最感自豪的事情。

同是留学，同是读书，两人思想观念相去却甚远。在胡适看来，读书时心中应心系祖国，应为一个疗救社会的大方案做出的充分努力。并且，胡适希望马君武也是一个有自己独立见解的改革家，否则，这十年苦读也就是有负自己与国家。

"每天一首诗"

　　如果从读书角度来看，中国古代诗词是胡适最关心的领域之一，正因此他才能打下深厚的古典诗词功底，才有可能推出中国现代第一本白话诗集《尝试集》。

　　其实，胡适对中国古代诗词一直非常喜爱，尤其对其优秀部分更是如此。还是在1911年，胡适就写道："自今日为始，每日读书有佳句警句撷录其一，另纸录之。"①胡适真正开始选抄这本《历代绝句》始于1934年，他在卷首写道："从今天起，每天写一首我能背诵的好诗，不论长短，不分时代先后，不问体裁。一年之后，这些诗可以印作一本诗选，叫着'每天一首诗'。"开始，胡适准备全面选取诗的

―――――――――――
① 《胡适留学日记》，第18页。

精华，诗体不限，但后来又改成只选绝句，并定选本的书名为《绝句三百首》，他认为这是一件相当有意义、功德无量的事。遗憾的是，由于胡适工作繁忙，这本计划精选的书最后未能如愿，元明清三代入选的诗较少。

胡适选诗的标准有三点：一是说话要明白清楚，意思可深邃，但表达必须明白，即深入浅出。二是用最扼要的材料，用最精练的字句表情达意。三是要有平实、含蓄而淡远的意境。

基于这样一种选择标准，胡适选出来的诗只有一部分是一般人所认为的名篇佳制，而大部分是以往不为人重视的作品，从而显示出胡适独特的审美眼光与情趣。如《闲》一首的作者僧显万是一个没有名气的和尚，再如《陶渊明故居》一诗的作者不知是谁。这样，这个选本就能给人带来了一种新鲜感。

由于胡适选择的诗大多是从自己背诵的诗中选出的，或从朋友那里听来的，这就难免错误，为避免错误，胡适每首诗都一一核对原作，务必做到精益求精。例如，当选中王安石的《题张司业诗》之后，胡适先把记忆中背过的诗录下，而后查对原作，他惊奇地发现有多处错误。所以，胡适在批注中写道："二十八个字，记错了七个字，可见记忆靠不住。"

胡适的选诗往往在后面加上了说明，这就为诗的产生背景、内容、典故及不易理解者做出了充分的解释。如杜牧《赠别》一诗，"多情却似总无情，唯觉樽前笑不成。蜡烛有心还惜别，替人垂泪到天明"。胡适批曰"纤巧"，并说："把这种绝句比王安石、杨万里的绝句，我们当然觉得杜牧的纤巧。"此种点拨一针见血，令人有豁然开朗之感。

胡适还在卷首写道："这一册起于六月廿一，中间停了好些时，到九月初才够一个月的篇数。做事有恒心真不是容易的事。"这也就是对自己"一天一首诗"的很好注释。

有意思的是，有学者认为，"胡适的《一日一首诗》的书稿，就是他每日上厕所时选注的一首诗的结集"[①]。

---

① 胡明：《胡适传论》，第246页。

访求程廷祚著作

　　最初胡适注意程廷祚的著作主要是因为他偏爱吴敬梓和吴敬梓的《儒林外史》。胡适想搜求与《儒林外史》有关的一些史料。胡适对程廷祚是《儒林外史》里的庄徵君深信不疑，并认为可以用程晋芳的《绵庄先生墓志铭》为证，但胡适很想找到程廷祚的文集，看看其中还有什么更确切的证据。

　　胡适想了解程廷祚的第二个原因是在他看了戴望的《颜氏学记》后。在书中，戴望将程廷祚说成是颜李学派的一位大师，胡适也一直这样看，但却一直没有看到程廷祚的文集。为了证实这一观点，也为了在程氏的说经文字之外找到陈述程氏的思想材料，胡适开始期望得到程廷祚的文集。

　　胡适访求程廷祚文集的第三个动机是想找到程廷祚和

戴震相知的证据。胡适曾写了一篇《戴东原的哲学》，在写作过程中，胡适感到戴震的思想与颜李很接近，后来看到戴望也有这一看法。但是在戴震的著作里从未看到对颜李的论述，胡适此时想，戴震与颜学的关系可能是间接的。那么，如果确有间接关系，其间的纽带是否就是程廷祚呢？

胡适在美国留学时读过李慈铭的《越缦堂日记》，内有程廷祚的《青溪文集》的记载。后来，胡适又在蒋国榜的《金陵丛书》中看到有《青溪文集》十二卷。胡适读了这十二卷后，既喜又忧。喜的是，《原人》《原心》《原气》《原性》《原道》《原教》《原鬼神》七篇和礼乐论二篇确实是程廷祚思想的综合自叙，与以往戴望提到的《论语说》中的自序有同样的重要性。而从《原气》《原性》《原道》等篇中可以证明程氏的思想确是上承颜学，下开戴学。在十二卷文集里，程廷祚有两次提到戴震，说明他们二人果然相知相识。忧的是，十二卷本中只有一处简略提到颜元一次，而再没有材料来说明他与颜学有关系。程氏还在几篇文章中都表示他很尊崇宋儒，这与一向排斥宋儒的颜李学派是相左的，此点令胡适感到惊讶。此外，十二卷本中很少有传记材料也使胡适大为失望。

第二年，孙人和先生知道胡适找程廷祚的文集找得很苦，就将自己收藏的《青溪文集》十二卷和《续编》八卷借给胡适看。胡适得到《续编》八卷后，真有如获至宝之感，马上仔细地读完了，结果兴奋异常。因为在这八卷中，胡适发现许多重要的传记材料。第一，《外舅楚江陶公行状》（卷八）使胡适知道了程氏的岳父陶瘐很早就接受了颜李学说的影响，他就是人们熟悉的陶甄夫。是他介绍程廷祚去读颜李的著作。第二，《与家鱼门论学书》和《与宣城袁蕙襄书》（二篇均为卷七）反映了程廷祚确是颜李学说的信徒，直到晚年，程氏仍是颜李的信徒。只是中年以后，他怕得着"共诋程朱"的罪名，而以"颜李之书示人"。胡适认为此处是最重要的，不仅解决了程氏对颜李学说的信仰问题，还明白了何以程氏表示他对宋儒的尊敬之情。第三，续编中还有一些与《儒林外史》有关的材料，令胡适喜悦。比如，卷八的《金孺人墓志铭》写的是《儒林外史》作者吴敬梓的姐姐，志中的世系与胡适的《吴敬梓年谱》中的世系是一致的。又如卷六的《与吴敏轩书》，敏轩即是吴敬梓，书中的"茸城女士"即是《儒林外史》中的沈琼枝。再如卷四的《与友人樊某书》二书，樊某即是《儒林外史》中的迟衡山。

　　胡适说，他从二十卷《青溪文集》中试图达到的目的都实现了。他明白了程廷祚与《儒林外史》的关系，与戴震的关系，还有与颜李学派的关系。这样，胡适就得出了程廷祚为颜学的第三代，而戴震为第四代的结论。由此也可以说，《儒林外史》是一部宣扬颜李学派思想的小说。

　　从胡适对程廷祚著作的搜求过程中可见，版本之重要意义，《续编》八卷如果不能从孙人和先生处得到，胡适的目的仍是难以达到的。更有意思的是，版本的搜求既有偶然，但其中又有必然，关键是要锲而不舍。在这种精神之下，有时奇迹还真可能发生。

明清传奇优秀选本《缀白裘》

　　元代杂剧与明代传奇有一个突出的区别，即杂剧以四折为限，而传奇则可以很长。为什么元杂剧不能超过四折呢？因为元杂剧是勾栏里每天上演的，扮演的时间有限，观众的时间也有限，过长，则很少有人愿意听。另外，杂剧中只有一个角色在唱，其余的角色都只是说白而不唱，因为唱主角的最出力，所以每本戏不可太长。实在太长的故事，那就要分成几本，每本还是限定为四折。如《西厢记》为五本，每本是四折。胡适认为，元杂剧的简单是它的长处，那是需要进行认真的剪裁才能达到的。

　　而明朝的传奇往往不受折数的限制。传奇出于南戏，南戏开始流行于乡村，没有角色和观众的限制，也不限于一个角色在唱，而是每个角色都可以唱。这样，明清文人的传奇就打破了元曲四折的限制而成为长戏。胡适认为，明清的传奇在文学的技术上是最不讲究剪裁的，也是最不经济的。他甚至表示，明清两代的传奇都是八股文人用八股文体做成的，每一部的开场往往用一曲子总括故事，那是"破题"。接着，将戏中人一个个引出，那是"承题"。戏情开始，那叫"起讲"。后面是一男一女，一忠一奸，红的进，绿的出，那是八股"正文"，最后的大团圆为"大结"。可以说，这类的八股文人完全不懂戏剧的艺术创作规律，写出来的传奇则多是一些不能上演的传奇戏文。

正是因为传奇不能搬上舞台，所以，明代就有对传奇进行摘选的选本。这些传奇选本将传奇中最精彩的部分选出来，比较好的选本有《来凤馆精选古今传奇》（又名为《最娱情》）、《醉怡情》。而到乾隆时的《缀白裘》共选有十二集四十八卷之多，可以说是传奇选本的最大结集。在《缀白裘》问世以后的一百多年中，它流行最广，翻刻最多，影响也最大。

胡适非常喜欢这个选本，认为它的价值巨大，其最大的作用是为那些传奇作者修改文章。摘选《缀白裘》的编者似乎懂得戏曲舞台的表演规律，对明清传奇的选择都不错。如李文玉的《一捧雪传奇》被《缀白裘》的编者删去那些繁冗的部分，差不多成了一部很精彩的四折杂剧了。胡适这样评价《缀白裘》的影响，"在这一百几十年之中，一般爱读曲子的人大概都从这部《缀白裘》里欣赏明清两代的传奇名著的精华"。赵万里也曾对胡适说："明清戏曲之有《缀白裘》，正如明朝短篇小说之有《今古奇观》。有了《今古奇观》，'三言''二拍'的精华都被保存下来了。有了《缀白裘》，明清两朝的戏曲的精华也都被保存下来了。"①总之，《缀白裘》摘选本不像《六十种曲》只收录了崇祯前的传奇，而是收录了上至《琵琶》《西厢》，下至清朝中叶的作品，成为最有影响力的本子。

具体说来，胡适概括了《缀白裘》的几个特点。一是所收戏曲都是当时舞台上流行的本子，都是经过排演和演唱的内行修正的本子。其中最大的改动是科白方面。因为《缀白裘》是苏州人编纂的，其中有一部分的说白都改成苏州话了。如《六十种曲》的《水浒记》的说白全是官话，而在《缀白裘》里的《水浒记》有的部分的说白则为苏州话了，显然，苏州话比官话生动多了。胡适强调，"这样大胆地用苏州土话，来改旧本的官话，是当时戏台风气的最值得注意的一件事。若没有《缀白裘》一样的选本这样细密的保存下来，我们若单读官话旧本，就不能知道当时戏台的吴语说白的风趣了"②。二是所收曲本，虽然大部分是昆腔"雅曲"，但也有不少是当时流行的"俗曲"。因为长期以来，

---

①② 胡适：《〈缀白裘〉序》。

士大夫都偏爱昆腔雅曲，俗曲都被忽略了，这是文学史上的一件憾事。到苏州才子冯梦龙独喜山歌之类的俗曲，从而为文学史保存了不少俗曲史料。《缀白裘》的编者也很欣赏当时流行的俗戏，所以选本中有不少像梆子腔的戏文，从中可见乾隆前民俗戏的特点，胡适说"这是《缀白裘》的一个很大贡献，我们不可不特别表彰他"①。

　　汪协如女士为《缀白裘》做了标点，胡适特别称赞她下了大功夫。胡适还积极向广大读者推荐这部书，认为这是一部值得引起读者充分注意的好书。

---

① 胡适：《〈缀白裘〉序》。

话柄杂记小说《官场现形记》

《官场现形记》的著者自称"南亭亭长"，人们都知道他就是李伯元。然而，却很少有人知道李伯元的历史。胡适一直在考证李伯元，后经过蒋竹庄先生的介绍，胡适收到了李伯元的侄子李祖杰的一封信，信中介绍了李伯元的生平事迹。

原来，李伯元的真实姓名叫李宝嘉，伯元是他的字，江苏上元人，生于清代同治六年（1867年）。少年时，他吟诗作赋，从而打下了坚实的根底，秀才考试还得了第一名。乡试多年不中，后来到上海办报。此时在上海小报上还可见到他的诗词小品和散文，加上他又会刻图章，还有《芋香印谱》问世，所以他也算一个多才多艺的人。李宝嘉死时仅有三十九岁，无子，身后很是萧条冷落。最后是李宝嘉的知己、当时南方戏剧界的名流孙菊仙出钱为他料理了丧事。

李宝嘉从1900年开始写《官场现形记》，到1906年书没有完成他就去世了。据胡适推断，后来的第五编也许是有人为他续上的，续到六十回，《官场现形记》就草草收尾了。

胡适认为，《官场现形记》是一部典型的社会史料小说，它写出官场中最腐败、最堕落的现状。可以说，这是一部从头至尾都是诅咒官场的书。全书是官的丑史，没有一个好官，从那最下级的典史到最高的军机大臣，从土匪出身到孝廉出身，只要是官，都不是好人。应该说，《官场现形记》许多材料是听来的，并非作者亲自经历，所以失实和虚构是有的，但不管怎么说，它仍是一部具有较高社会史料价值的小说，也具有较强的社会批判意义。

书中凡是写到的大官都难以传神，而一旦写到小官则往往多是有声有色。推及原因，有人说是由于李宝嘉曾做过佐杂小官，而胡适则认为这点没有证据、不足轻信。他通过考证作品得出结论，"作者当初确曾想用全副气力描写几个小官，后来抵抗不住别的'话柄'的引诱，方才改变方针，变成一部撷拾官场话柄的类书"。接着胡适又表示，"这是作者的大不幸，也是文学史上的大不幸。倘使作者当日肯根据亲身的观察，或亲属的经验，决计用全力描写佐杂下僚的社会，他的文学成绩必定大有可观，中国近代小说史上也许添一部不朽的名著了"①。显然，胡适在这里强调作家应该写自己熟悉的生活，坚持自己的创作初衷，注重发挥自己的主观能动性，只有这样，作家才能写出富有个性和韵味的文学作品。众篇目中，胡适非常赞赏"佐杂现形记"一篇，说它"真可算是很精彩的描写，深刻之中有含蓄，嘲讽之中有诙谐，和《儒林外史》最接近。这一部分最有文学趣味，也最有社会史料价值。倘使全书都能有这样的风味，《官场现形记》便成了第一流小说了"②。

鲁迅非常推崇《儒林外史》，认为它是讽刺小说，而《官场现形记》则不够讽刺小说的标准，而只能是谴责小说。胡适非常赞赏鲁迅这一划分标准，这也是胡适对《官场现形记》一书的评价不高的原因之一。当然，谴责小说虽有浅薄、显露和溢恶等短处，但胡适并没有完全否定它的意义，它至少表明作者于当时所具备的社会反省精神与责己态度，也反映了社会改革的先声。

胡适最不喜欢《官场现形记》的地方在于作品中连缀"话柄"的结构方式。它没有结构，又没有剪裁，这是其第一短处。作者有时还加一些点缀，有时则不加，使有些篇章成了一笔流水账，这是其第二短处。这种信手拈来的记录方式，目的在于向人们叙说"话柄"，而不注重描写人物和景

---

① ② 胡适：《〈官场现形记〉序》。

物，书中的人物没有一个富有个性的，只不过在乱吵乱嚷而已，这是其第三短处。书中没有一个好官，也没有一个好人。作者写这些人只有谴责之心而无哀悯之意；谴责中又少了诙谐的风趣，所以不能引起人的同情，也不能令人开口一笑。此种风格从文学风格上讲是最低的，这是其第四短处。

考证《水经注》

　　《水经注》是北魏郦道元为无名氏的《水经》所作的一本"注释"书。由于此书特殊的历史经历，长时间一直被朝廷藏于宫内秘不示人。后来，此书渐渐流向民间，人们才得以看见它的庐山真面目。但这也带来一个问题，就是人们相互传抄，以致以讹传讹，关于《水经注》的研究也就在此基础上展开了。清代乾隆年间是《水经注》研究的全盛时期，出现了三大家，他们是全祖望、赵一清和戴震。再到后来，学术界展开了全、赵、戴三家谁的成就最大，谁抄袭谁的"天下公案"。经过反复研究，大家比较一致的看法是：戴震偷窃了赵一清的研究成果。这一观点至20世纪中叶几近定论，其代表人物是孟森和王国维。

　　开始，胡适也是赞同这一观点的，他说："读孟森先生论文两篇，均论戴震偷了赵一清的《水经注》，据为己有，妄言从《永乐大典》各条辑出。今《永乐大典》全部印出来了，学人皆知戴实未用此本，其作伪实可恶。"①不久，胡适在给魏建功的信中进一步强调说："我读心史两篇文字，觉得此案似是已定之罪案，东原作伪似无可疑。"

触动胡适疑心的是1943年11月5日王重民的一篇文章和一封长信。王重民指出，在乾嘉年间的学者多认为赵本多与戴本相同，而至道光以后，才有戴本同于赵本之论。胡适在给王重民的回信中表示要重考此案。胡适在日记中还说："私心总觉此案情节太离奇，而王国维、孟森诸公攻击戴震太过，颇有志重审此案。"②

从此，胡适开始了认真研究《水经注》的工作。有趣的是，连胡适本人也没有想到，《水经注》耗去了他十七八年的时间，几乎晚年都在做这个工作。在《胡适手稿》三十册中，竟有十八册是关于《水经注的研究》的。

胡适最先的研究切入点是从研究《水经注》的研究历史开始的，因为只有在了解了"郦学史"后才能使其研究建立在可靠的基础上。接着，胡适认真校核了戴震与赵一清二人的著作后，找出了十组"证据"。胡适认为，这十组"证据"在赵一清的版本中是非常优秀的，而在戴震本中却没

---

① 《胡适日记》，1937年1月11日。
② 《胡适日记》，1943年11月8日。

有，假若说戴震真是偷了赵一清的成果，那这十组不会遗漏掉了。胡适还做了大量的工作，充分论证了戴震根本就未见过赵一清的四库本。

胡适还对《水经注》版本做过认真的研究。由于胡适在中国近代文化上的特殊地位，所以全国各地的《水经注》版本很快就集中到他的手里，一些朋友一知道何处发现了新版本，即马上报告给他。有学者认为，"胡适可以说是有幸看到过最多《水经注》版本的人"①。后来，在1948年12月，胡适在北京大学举办了一个"《水经注》版本展览会"，会上展出自宋代刻本至明代抄本以及到乾隆三大家的郦学研究成果共九类四十一种，其规模在中国的《水经注》版本史和研究史上还是首次，产生很大的反响。

一般来说，胡适花费如此多的时间和精力去研究《水经注》有些得不偿失。胡适曾对用于《水经注》的时间过多表示痛惜，但他也自我安慰说："十年来我重审《水经注》一案，虽然有几分'为人辩冤白谤'的动机，其实是为了要给自己一点严格的方法训练。"②

---

① 胡明：《胡适传论》（下），第869页。
② 胡明：《胡适传论》（下），第871页。

纽约读书记

1949年4月21日，胡适抵达旧金山，27日在纽约定居下来。1950年夏天胡适的夫人江冬秀也来到纽约，于是胡适开始了海外较长时间的寄居生活。

总体说来，胡适在这段时间心情不好，他决定一不做官，二不考证，也不去与教授争饭碗，真正谈得来的朋友也不多，连日记也有一年多没记了，日记上他只简单地写下一些电话、地址。此时，胡适倒有一些时间静下来读点儿书。

这里值得一提的是胡适在纽约寓所用的一张大书桌。这是一张中国旧式的八仙桌，把它放在客厅里，上面堆满线装书。胡适的学生，也是胡适研究专家的唐德刚说，此时桌子上的书"多似乱山[1]"。在这些乱书堆里有一个小砚台，看

---

① 唐德刚：《胡适杂忆》，华文出版社1992年版，第225页。

起来就像万山之中的"雁荡"和"天池"一般，这是胡适家中的重要景点之一。

此时，胡适自己的藏书有数千本之多，1958年春胡适回台湾时，这些书都装箱运回了台湾。在美国纽约这些年，胡适从这些书中得到过无限乐趣与安慰，从而使一颗孤独的心得到些许平静。

除了在家里读书，胡适还经常到哥大图书馆看书。当时，唐德刚是馆内唯一的华裔小职员，有时胡适也让唐德刚替他查查书、借借书。久而久之，胡适与唐德刚就建立起了友谊。据唐德刚回忆，在当时读书已是最吃力不讨好的事，然而，"适之先生那时是师友中唯一劝我'不问收获'读下去的人"。后来，胡适还经常与唐德刚聊天，有一次谈有关宋词中的用韵问题，胡适一发而不可收，竟对唐德刚谈了一整夜，唐德刚称："一夕之谈，真是胜读十年书！"[1]在这次所谈宋词中，胡适谈及美成、白石、三变、八叉等，所谈之人、所说作品，真是信手拈来，如数家珍。胡适的谈话非常精彩，如行云流水，似妙语连珠。唐德刚听后不禁说道："胡适之真是绝顶聪明！关于宋元词曲的音韵，他并无'师授'。那都是他读破万卷之后，自己理解出来，卒成一家之言的。"[2]

---

① 唐德刚：《胡适杂忆》，华文出版社1992年版，第41页、101页。
② 唐德刚：《胡适杂忆》，华文出版社1992年版，第41页、102页。

　　胡适对书的热爱是常人难以比拟的，在纽约胡适有一件关于书的事值得注意。有一次，胡适要唐德刚为他借一本大陆出版的新书。唐德刚查了一下告诉胡适说哥大没有这本书。当胡适知道哥大因经费奇缺不能购进中文图书时，非常气愤。胡适告诉唐德刚，他要找几个"有钱的校友"如顾维钧先生那样的人捐出两千块钱购买中文图书。后来，胡适果然弄来两千元钱，是顾维钧出的钱，还是胡适自己掏的腰包，当时唐德刚也未详细追问。反正在胡适自己生活比较拮据的时候还念念不忘哥大的中国图书，这是很难得的。如果没有对书的迷恋，那是不可能做到的。这两千元要求分十年使用，每年可以补助一下图书馆，增添些必备的中文书。到1962年唐德刚接管哥大图书馆中文部时，经费已不困难了，胡适"化"来的钱还剩下千元未动。唐德刚说，原准备用这笔款子购些珍版书，以纪念捐款者，但因岁月蹉跎，竟未能如愿，但胡适当年的功劳是不可泯灭的。

　　使人难以理解的是，胡适常去哥大图书馆看中文报纸，连美国两岸发行和赠阅的《侨报》也不放过，而且胡适将报纸的副刊看得非常仔细。有一次，胡适看了报纸后指出，毛泽东的一首《浪淘沙》搞错了韵。胡适看了报纸还经常做些笔记。对胡适热心于读中文报纸，唐德刚和夏志清都认为胡适是在浪费时间，与他夫人把时间消耗在麻将桌上没有多大区别。从他们的角度说，这话可能不无道理，问题是他们可能忽略了胡适的心态与喜好。当时大陆发生了翻天覆地的变化，而身在异乡的胡适一是十分关注大陆的情况的，要了解这些，胡适不能不通过中文报纸。二是读报纸是胡适多年的习惯与爱好，而不是在这段时间才开始的。在早年就读上海时，胡适就被《时报》《竞业旬报》所感染，而且成为它们的忠实伴侣。留学美国期间，胡适也一直喜爱读报，1911年2月19日的日记中，胡适曾写道："晨起出门，思买报读之，偶一不慎，仆于冰上者二次，手受伤，去皮流血，幸无大害。"可见，胡适喜爱读报已至于此。又如，胡适1911年3月13日日记中载，"阅报见有一妇再嫁至十二次之多，计重婚者三次，凡嫁九夫，亦可谓怪物矣"。可知，读报中奇闻使胡适亦为之所动。另如1917年3月20日，胡适从英国报纸上了解到2月德国死伤六万人，而德国开战以来，死伤人数达四百一十万人。同日报载英国一年内平均每日支付六百万英镑（即三千万美元），胡适读后，在当日日记中说："今晨报纸有此两则，读之恻然，附记于此，并系以诗'挥金如泥，杀人如蚁。阔哉人道，这般慷慨'。"后来，胡适还经常在车上看报，其中乐趣多有记载。在唐德刚与夏志清看来无聊无用的事，胡适却乐得其中，而且从读书的角度看，这也与胡适对报纸这一短小精悍、简洁明快而又丰富多彩的形式之喜爱有关。

在纽约期间还发生一件与读书有关的有趣事情。有一次，唐德刚告诉胡适说，有一位反战的史学家也是前哥大的著名教授，他叫查理·毕尔。这位先生写了一本书《罗斯福总统与大战之序幕》，书中把胡适说成日军偷袭珍珠港的罪魁祸首。书中大意是说，美日大战本来是可以避免的，但罗斯福上了胡适大使的圈套，才导致日本偷袭了珍珠港。胡适听到此事非常高兴，一定要唐德刚把这本书借来一观。看完书中对胡适的记录，胡适在下面画了一道一道的红线，脸上也露出无可奈何的神情。唐德刚认为，查理·毕尔先生过高地夸大了胡适的作用，一个书生如何能令罗斯福这个大滑头"进入圈套"？他还认为，"总之胡适先生天生是个'教书科'，大学的讲堂和图书馆才是他最感到乐趣，和最该去的地方"①。

　　胡适早年在美国留学期间曾读过大量的外国文学作品，但1917年回国后，外国文学读得就较少。1952年，胡适从美国飞回台湾，也谈到在纽约这些年读外国当代文学不多，尤其是关于美国文坛的文学作品，"关于美国文坛的情况，纽约时报和论坛报每周都有一张销行最广的书目表分类，表内所列的新书，一面属于小说的，一面是非小说的。这两张表所列的新书，小说方面，十部中我顶多看了一二部，非小说的，十部顶多看三四部"②。

---

① 唐德刚：《胡适杂忆》，华文出版社1992年版，第49页。
② 《胡适言论集》，第113页。

读《傅孟真先生遗著》

　　傅孟真即傅斯年，他是胡适的学生，也是胡适最要好的朋友之一。胡适的学生罗尔纲曾说："当朋友问到我：'胡适最看中的学生是谁呢？'我就立刻应声回答，'傅斯年'。"[①]傅斯年曾任"国立台湾大学"校长，1950年12月20日在台北逝世。

　　在晚年失去傅斯年时，胡适的心情是异常悲痛的。但当他手捧《傅孟真先生遗著》，重读那些曾读过的文章时，思想与感情就平静下来了。

　　胡适介绍说，傅孟真的遗著共分三编。上编是他学生时代的文字，多是发表在《新潮》杂志上。中编是他的学术论

① 罗尔纲：《胡适琐记》，第136页。

著，而这些学术论著又分七组：从甲到戊是他在中山大学和北京大学的讲义残稿；己组是他的专著《性命古训辨证》；庚组是他的学术论文集。下编是他最后十多年发表的时事评论。

胡适说，这一部遗集中最注意原始材料的搜集与保存，但最缺乏的是傅先生与亲戚朋友的往来书信。

胡适对傅斯年的评价甚高，他称"孟真是人间一个最稀有的天才"。之所以有如此之高的评价，因为傅斯年记忆力好，理解力最强；因为傅斯年最细密，同时又最大胆开阔；也因为傅斯年最能做学问，最有办事能力和组织能力；还因为傅斯年有热情，又是温柔而富有理性的。总之，胡适说傅斯年是一个品性和才能均好的十分可爱可亲的人，"眼中人物谁与比数"①。胡适甚至在给毛子水的信中明确表示自己"三不及"傅斯年。

胡适说他重读傅斯年的《我所认识的丁文江先生》和《丁文江一个人物的几片光彩》时，让他想起傅斯年与丁文江二人由不识至相识相知的过程，这一过程很有戏剧性。那是1926年，胡适与傅斯年同在巴黎，当胡适提起丁文江时，傅斯年竟大骂他，并说："我看见了丁文江，一定要杀他。"结果当真正介绍两人相识后，他们很快成为互相敬爱

---

① 罗尔纲：《胡适琐记》，第137、138页。

的好朋友了。胡适读文思人，曾经共聚的欢乐如在昨日，但此时丁文江与傅斯年却已入土数年了。

胡适最看重傅斯年的学术论著，认为它具有永久的学术价值。傅斯年的《历史语言研究所工作之旨趣》中为研究确立了三个宗旨。一是凡能直接研究材料便进步；凡间接研究前人所研究或前人所创造的系统，而不能丰富细密地参照所包含的事实，便退步。二是凡一种学问能扩张他研究的材料，便进步；不能的，便退步。三是凡一种学问能扩充他所做研究时应用的工具的，便进步；不能的，便退步。显然，傅斯年这里强调材料尤其是第一手资料的重要性，也强调应用工具的重要性，认为占有了第一手资料即是不断进步的前提，而一味因袭他人的材料没有发挥则必然退步。从中可见傅斯年严谨而扎实的学术思想，也可见胡适的考证癖好。

当然，傅斯年并不是一概反对借用别人的材料，只是不因循守旧罢了。其实，傅斯年也曾从第二手材料中得出新的论点。如当他看了董彦堂先生新得的仅仅有五个字的卜辞时，就能推想出两个古史大问题——楚之先世与殷周之关系。

胡适在最后不禁伤感，"我们重读孟真这些最有光彩的学术论著，更不能不为国家，为学术，怀念痛惜这一位能继往开来的伟大学人"[1]。重读老友的遗著，这对胡适无论如

---

[1] 胡适：《〈傅孟真先生遗著〉序》。

何也不是一件轻松的事，但胡适却能冷静从容地叙说，在肯定亡友的人品时又敬佩亡友的学术境界，在谈及二人的深厚情谊时又不目光狭隘，而是时时关注着国家和民族的发展与兴旺。

捐书留香

　　1953年5月4日，胡适把一部《清实录》捐赠给美国普林斯顿大学。在给普林斯顿大学图书馆馆长狄克斯和副馆长海尔的信中，胡适告诉他们说，《清实录》"是一部极完整的清代宫史"，原著藏于清宫。他赠给普林斯顿大学这一部是"伪满时代以清宫原藏的底本影印的版本"。据童世纲说，胡适赠给普林斯顿大学的书籍，前后加起来有十多种。

　　胡适在给童世纲的信中表示，"赠书的信写好了，现寄上请你看了之后，将原本交给馆长，副本留存你的file（档案）里。……我不愿因此事而得着publicity（名声），故能避免宣传最好"。

　　胡适曾做过普林斯顿大学格斯德中文藏书部"馆长"，那是一个闲职，每年只能领取几千美金补贴生活之用。然而，馆中中文藏书的缺乏以及工作关系建立起来的感情使胡适一直没有忘记这所大学。

最重要的是，胡适捐书不为名不为利，只是表达了一个嗜书如命的人对书的那份独特的感情。书成为胡适生命中最重要的部分，书成为人与人之间友谊的桥梁，它纯洁美好，永远为世人喜爱。

"宁鸣而死，不默而生"

　　1954年9月，胡适为纪念范仲淹写了一篇读书笔记《"宁鸣而死，不默而生"——九百年前范仲淹争自由的名言》。其实，这也是一篇讽谏文章，批评蒋介石的独裁统治，倡导自由主义思想。

　　范仲淹的《灵乌赋》讲述的是一只"灵乌"用鸣叫来告人吉凶的寓言故事。作品中有这样的句子："思报之意，厥声或异；忧于未形，恐于未炽。""知我者谓吉之先，不知我者谓凶之类。""虽死而告，为凶之防。""宁鸣而死，不默而生。"胡适认为九百年前的范仲淹说出这些话"是中国古代哲人争自由的重要文献"，也可以说是"一个中国政治家争取言论自由的宣言"。"宁鸣而死，不默而生"一句比美国开国时的名言"不自由，毋宁死"还要早七百四十年。其实，胡适是借古代范仲淹的《灵乌赋》来表达自己渴望自由的心情，也表达了自己为争取自由宁可牺牲生命也在所不惜的坚定决心，"从中国向来知识分子的最开明的传统看，言论的自由，谏诤的自由，是一种'自天'的责任，所以说，'宁鸣而死，不默而生'。从国家与政府的立场看，言论的自由可经鼓励人人肯说'忧于未形，恐于未炽'的正论危言，来替代小人们天天歌功颂德、鼓吹升平的滥调"①。

---

① 张忠栋：《胡适·雷震·殷海光》，第155页。

读《明清名贤百家书札真迹》

　　有一位收藏家叫陶君贞，他收藏的明清两代人的手札非常多。陶先生请来了台北、台中的学者帮助他从中挑选了一百多人的书札真迹，影印出版。陶先生送给胡适一本书，他读后颇有感想。

　　胡适首先肯定这些书札的史料价值。他认为，"保存古人信札的墨迹，即是为史家保存最可靠的史料"，"一切手札墨迹都有帮助考证史料的功用"①。胡适还举例说，他在二十多年前买得刘子重收藏的"甲戌本"《红楼梦》，其中有他的印章和短跋。此次看了陶君贞收藏的两大册刘子重的短简真迹和许多印章，两相比较，更证实自己的"甲戌本"

---

① 胡适：《〈明清名贤百家书札真迹〉序》。

《红楼梦》之真实不虚。

在阅读陶先生的《明清名贤百家书札真迹》的过程中，胡适提出一个问题，即中国文人学者写信往往不标出年、月、日，有的只写上日而不记年月，有的只写月日却不记年。这种标记方法大大影响了后人对信札的确认，有的虽可进行考证，但考证起来却相当困难。陶君贞先生的远祖陶弘景在一千多年前曾做过一篇《周氏冥通记》，文中陶氏强调凡有记年月日者，必须标记清楚。可惜的是，人们或是没有看见陶氏的话，或是见而未见，或是见而不以为然。在陶君贞收藏的信札中只有张叔未一人年月日记之甚详，而其他的信札则都是只记月日而不记年代。胡适曾借过陶君贞收藏的张叔未十六封信札一观，其中只有一信记月日而未记年代，其余十五信都题记着道光某年某月某日。胡适对此评论说："这种精神真可佩服！这种风范真可效法！"①

当然，并不是说没有详尽的年月日，信札就没有价值，胡适认为，有的是可以考证的，即使考证不出年月，人们也可以透过信札了解作者的真性情。胡适举例他的太老师吴清卿老先生，说他的信札写得一丝不苟，字字工整秀挺，无论给朋友还是给上司下属都是如此。

---

① 胡适：《〈明清名贤百家书札真迹〉序》。

红学大师

在20世纪60年代初，胡适与苏雪林、高阳通了几封探讨《红楼梦》的信，信中既可显示胡适对《红楼梦》的见解，又可显示胡适读书的心态与境界。

胡适在给苏雪林的信中说，他已看过她发在《作品》上的《红楼梦》研究文章，他也同意她的"原本《红楼梦》也只是一件未成熟的文艺作品"的看法，但对她评《红楼梦》时说的过火的话是不赞同的。所谓"原本"，只不过是随写随雇人抄了卖钱换粮过活的抄本；所谓"别字"，也往往是白话文没有标准化的18世纪的杜撰字。这里，胡适对苏雪林不顾曹雪芹的写作背景进行简单化的批评提出了批评。尤其是用二百年后的白话文标准去批评《红楼梦》，这是胡适对苏雪林文章最不满意的地方。比如，"打官私"并不能算是别字，又如"下凡造历幻像"中的"造"字后人多作"遭"，但我们不必将"造"看成别字。毕竟，在18世纪的曹雪芹时代是没有白话文的标准的。

在给苏雪林和高阳二人的信中，胡适主要批评他们不应该将他匆忙中写的三封信送给《作品》发表。接着，胡适又对苏雪林的观点"曹雪芹是最幸运的作家"提出批评。胡适认为，与苏雪林的看法正相反，曹雪芹是一位最不幸的作家，他的不幸有四：有天才而未受好的文学训练，不幸之一；文学朋友不大高明，文学环境和背景也不大高明，不幸之二；贫病交加，难以从容写作和修正，就匆忙拿去换钱买米买面买药，不幸之三；小说结构过大，无精力完成，死后只留下一部未成的残稿，不幸之四。胡适认为，这些都是应该引起我们极大的同情的。

胡适进一步强调说，《红楼梦》的最大不幸是这部残稿未经曹雪芹自己最后审定与修改，也没有经过长时间的流传，就被高鹗、程伟元续补至一百二十回而马上送去印制出来。那个第一次排印本（胡适称之为"程甲本"）是乾隆五十六年（1791年）印成的。这个版本发行不久，即被发现当时因匆忙印刷，不及细校，结果错误百出，高鹗立即重校，这就是修改本（胡适称之为"程乙本"）。这个校本校正错误达二万一千五百零六字，其中单单前八十回就改动一万五千五百三十七字。遗憾的是，那个未曾修改的稿本到了南方后，于乾隆五十七年（1792年）被苏州书坊印刷出来，并且流行甚广。而那个修改的"程乙本"也就没有人翻印了。直到1927年才有了亚东图书馆重新排印的"程乙本"。1959年，台北远东图书公司又重排亚东的"程乙本"印行。所以，在1927年之前的一百多年里，国中流传的《红楼梦》多是那部没有经过第一次修订的"程甲本"，"程乙本"存世者很少。而苏雪林只是依据未经修改就拿去卖钱的"庚辰脂砚斋评本"下结论，胡适认为是不恰当的。

胡适进一步将《红楼梦》与《水浒传》的变化相比。《水浒传》有不同的版本，那是在数百年中，经过说书人、作家不断地修改才逐渐完善的。《水浒传》还经过金圣叹的修改，最后成为深受人们喜爱的七十一回本。胡适还将杨定见的一百二十回《水浒传》与金圣叹的七十一回《水浒传》相比，虽然他认为两个版本都很优秀，但胡适还是认为金七十一回本格外精彩。

由此，胡适得出结论说："《水浒传》经过了长时期的大改造与仔细修改，是《水浒传》的最大幸运。《红楼梦》没有经过长时期的修改，也没有得到天才文人的仔细修改，是《红楼梦》的最大不幸。"[1]

胡适认为，曹雪芹的残稿劣抄本是可以用来考证时比较

---

① 黄保定编：《胡适书评序跋集》，第310页。

研究的，但用文学批评的眼光对其进行批评咒骂，那是不合适的。在看到这个残本劣抄时，只应该同情怜惜曹雪芹的不幸遭遇，而不应该抓住其中的小疵一味咒骂。

很明显，在胡适看来，《红楼梦》中的小疵责任不在曹雪芹，而是在社会环境与后来的作家。作为特殊遭遇的曹雪芹在那样艰难的生存境遇中仍能创作出那么伟大的作品，世人还能向他要求什么呢？作为一个关怀人类、关注世道人心的作家，他应该以极大的同情与怜悯理解曹雪芹的悲苦命运。

胡适与苏雪林等在阅读、理解《红楼梦》时的态度是不同的。胡适的独特性在于，他不是孤立地看待作品，而是把作品放在历史中与复杂的关系中，并用一个作家的博大的人道主义情怀来把握和审视。对《红楼梦》的白话语言和曹雪芹的历史地位的评价，胡适都是如此。

十个饼子四种书

　　胡适非常重视人才的选拔与培养，尤其对年轻人更是如此。

　　胡适对青年人的关心最主要的都与书有关。或保送留学读书，或写信劝勉博览群书，或为其作序。比如，著名科学家吴健雄就曾受到胡适的鼓励。吴健雄自己曾说，对她影响最大的有两个人，一是她的父亲，一是胡适。1936年，胡适给吴健雄这位普通留学生写了一封回信，信中劝吴健雄好好读书。他写道："我要对你说的是希望你能利用你的海外住留期间，多留意此邦文物，多读文史的书，多读其他科学，使胸襟阔大，使见解高明，……做一个博学的人。"因为胡适认为，"凡第一流的科学家，都是极渊博的人，取精而用弘，由博而反约，故能有大成功"。一个人胸无点墨而能成就大事业那是不可能的。

最能反映胡适人格魅力的是他与一个卖烧饼者的交往。那是胡适在台湾当"中研院"院长的时候。一个在台北街头卖烧饼的人，他叫袁瓞，三十二岁，上过高中，在做烧饼和卖烧饼之余，他专心钻研政治学方面的书籍，但苦于有许多疑难解不开，就给胡适写了一封长信，希望得到胡适的指教。胡适读完来信，激动不已，马上给袁瓞回信，信中回答了他提出的问题。不久，胡适又专门请袁瓞到"中研院"做客会谈。

此次，袁瓞来见胡适捎来自己烧制的饼子十个，胡适感谢并收下了。作为礼物，胡适将自己写的四种签名书赠给袁瓞，并告诉他经常来胡适家做客，需要的参考书可以随时来取。

视若珍宝《基度山恩仇记》

胡适自从童年被那本"破书"培养起读小说的兴趣后，一生离不开小说。留学美国后，对外国小说产生了浓厚的兴趣，开始阅读大量的小说。如果问胡适最喜欢的小说是什么，那大概就是《基度山恩仇记》。

还是在上海读书时，胡适就对《基度山恩仇记》产生兴趣。那时，这部小说在《时报》上连载，那是用文言翻译而成，每天一段，一连看了两年，最后还没有载完。胡适实在忍不住，就找来英译文看完了。到了晚年，胡适仍偏爱这部小说。1959年，胡适心脏病复发住进医院，他就带了四大本《基度山恩仇记》放在身边以便细看。虽然这次不是初读，但仍趣味盎然。他对秘书胡颂平说："看小说是最有趣的事，看了就不肯放手。我看了之后，你们可以拿去看。这本小说，我在几十年前就看过了。现在看来还是一样有趣。"①

后又据胡颂平说，胡适非常喜爱《基度山恩仇记》这部书，在他的一生中，曾看过好几遍，自己看了不过瘾，还专门买了好几部送给梅贻琦、杨亮功等几个朋友。他认为，这本书对于人生的了解很有帮助。②

---

① 胡颂平：《胡适之先生晚年谈话录》。
② 胡明：《胡适传论》，第103页。

珍本书

尽管胡适不是搞版本学的，但由于他喜爱书，当然也喜爱珍贵的版本，因为他要考证，当然就更离不开珍本，可以说，胡适一生与版本打交道，他所接触的珍贵版本书当然也不少。

因为中国古代的版本经过时间的洗礼，也经过内乱外患，在国内多已灭绝，要找到它们是十分困难的。而日本则是中国古版珍本的"博物馆"，所以，许多版本研究的学者都离不开日本这座藏书"博物馆"。青木正儿是日本著名汉学家，他与胡适有着深厚的友情。胡适就是通过青木正儿受惠于日本的中国珍贵版本书的。如胡适说过，青木正儿送给他一部冈岛璞译的《忠义水浒传》。这是以百回《忠义水浒传》为底本的，而百回本又是十分难得的珍本，加上此译本可供佐证，所以胡适视之为"很可宝贵"①。在1921年5月30日的日记中，胡适又记载了他所藏的多种《水浒传》版本。有七十一回的金圣叹本，有冈岛璞注译的前十回和百回《忠义水浒传》两个版本，有百十五回的《英雄谱》，还有光绪己卯翻印的乾隆丙午百廿四回本。最值得提及的是青木正儿为胡适抄录回目的两种：一是明版的百二十回的《水浒传全书》，藏于京都府立图书馆。二是百十回的《英雄谱》，此为京都帝国大学铃木虎雄藏本。在与日本学者的版本交流中，胡适深感世界文化遗产作为人类共同财富的重要性，作为另外，1921年，带经堂书铺为胡适访得吴敬梓的《文木山房集》，这是不容易见到的一本书，有的藏书家的藏本后来遗失了，胡适所得的这本还是访了数年才偶然得到的。此种版本共有赋一卷，有四篇；诗二卷，有一百三十一首；词一卷，有四十七阕其中还附有吴敬梓儿子荀叔先生的诗词各一卷。

与此相关的是沧县的孙子书先生，胡适称他是当时研究中国小说史最用功又最有成就的学者。本来，孙子书就以其治学方法的谨严受人注意，但他并不满足，他还亲自去日本看中国小说，"专为了看小说而渡海出洋，孙先生真可算是中国小说研究史上的哥伦布了"，"我们看这一部小说的历

---

① 《胡适日记》，1921年5月19日。

史，就可以知道孙先生的小说目录学在小说史学上的绝大重
要了。没有这些古本小说的详细记载，我们决无从了解一部
小说的历史"①。可见，胡适通过孙子书也了解了日本小说
珍贵版本的大概情况。正因为孙氏所做工作的重要和价值，
胡适为其《日本东京所见中国小说书目提要》作了序。

1922年，胡适看过徐积余刻的《随庵丛书》里的箓斐轩
《词林韵释》后，认为它不是宋代的版本，接着写信问钱玄
同。2月4日，幼渔来看胡适，胡适又与幼渔谈起此事，幼渔
也说此书最早是元代作品。那么，胡适他们怎么能知道这书
不是宋时而为元代的呢？因为此书把入声分在平上去三声，
所以应该是周德清《中原音韵》以后的书。胡适接着说：
"徐氏尊为宋本，可见这班古董家之陋。"

1922年4月19日，松筠阁送来一部《四松堂集》，这是
稿本，比已是珍本的刻本更为珍贵，所以，胡适将书中对自
己有用的考证材料连夜都抄了下来，并做好充分准备，书店
如果敲他的竹杠，他就不买了；如果价钱公道，他就把它
买下来，因为胡适自己也知道，"这本子确可宝贵"。接
着，4月21日，蔡元培又给胡适送来五册《四松堂集》，这
是刻本，是蔡先生从徐世昌的诗社借来送给胡适的。胡适接
到这个刻本后非常高兴，以之为奇遇。通过别人为胡适送借

---

① 《胡适文存》（四），第292～295页。

珍本，一面反映了胡适在学界的地位之要，一面又反映了胡适在书界的信誉之高，还可反映蔡元培先生的高风亮节与宽阔的胸襟。还是在美国留学期间，胡适曾收到怡荪寄赠给他的手抄《读公孙龙子》（俞樾），当时他非常感动，读之甚快，并说："厚我无敢，可感念也。"[1]朋友所抄的《读公孙龙子》一书虽不是什么珍本，但其间的深情厚谊却是十分可贵的，这同胡适和蔡元培等人的"书交情"实际是一样的。

胡适曾藏有一本明刻本的《欢喜冤家》。这本书开始时是破损了，书商用最好的纸张装裱好卖给了胡适。罗尔纲说："胡适把它锁在书房藏要件的高柜里，秘不示人。"[2]可见，胡适对这部书的珍视程度。罗尔纲还说，有一天，一个女士还未进门，就大声嚷着说："适之，适之，你有好书不给我看！"胡适在书房里听到后禁不住哈哈大笑起来。原来，这位女士是胡适的最好朋友之一、语言学家赵元任的夫人杨步伟。这本"好书"就是明版本的《欢喜冤家》。杨步伟也不知从哪里知道了胡适深藏着一部《欢喜冤家》，一向大方的胡适现在突然"小气"起来，她如何能不上门"问罪"呢？

1925年，胡适的朋友容庚先生在书摊上买过一部旧抄

---

[1]《胡适日记》，1916年4月13日。
[2] 罗尔纲：《胡适琐记》，第130页。

的《红楼梦》，共一百二十回。容先生称这是程本以前的版本，并大胆断言说，这是曹雪芹的原本。为此容先生还做了一篇文章。胡适经过认真的考校，证实容先生的旧抄本不是程本前的版本，更不是曹雪芹的原本。

还有一本令胡适激动万分的书是甲戌（1754年）抄本《脂砚斋重评石头记》。这是1927年夏天胡适从一个藏书家手上用重金购得的。胡适自己说："到今天为止，这个甲戌本还是世间最古又最可宝贵的《红楼梦》写本。"此书为胡适的《红楼梦》考证立下了汗马功劳，许多结论都由它而得以澄清。胡适对这个珍本倍加爱护，长期与自己为伴，1948年从北平逃出来，胡适随身只带着两本书，一是父亲的遗稿，一是这个珍本。值得一提的是，后来，胡适还找到过一本比"甲戌本"更全的七十七回本，号称八十回本。这一部书也是抄本，被红学界称为"庚辰本"，是北平徐景署的藏本，书名与胡适的"甲戌本"一样，也称《脂砚斋重评石头记》。胡适还为这部更全的抄本写了一篇很长的考证，题目是《跋乾隆庚辰（1760年）本脂砚斋重评石头记抄本》，在1933年发表。

胡适还藏有一本乾隆壬子（1792年）的程伟元第二次排本的"程乙本"，这也是存世较少的一个珍本。胡适的朋友马偶卿先生还送给胡适一本佛曲残本，这正是幻轮在《释氏稽古略续集》中所记的永乐《佛曲》。卷末有残序，年代为永乐十五年四月十七日（1417年）。

1937年1月12日，胡适曾在日记中写道："周作人先生借给我《病榻梦痕录》两种，其一种为道光六年桂林阳耀祖在广东刻的，为各本中之最早最精的。但此本尚不及我的嘉庆元年刻本。我的本子是初刻本，其时正录初成，即付刻印，书中'宁'字皆不缺笔，故最可宝贵；字画多作古体，工整可爱。我写了一信答他周先生又借我李圭（小池）《思痛记》，光绪六年刻的。他来书说：读此书印象比《扬州十日记》更深刻。我今晚一气读完。"这段日记中，一面表达了二人相知相得的友谊，一面叙述了二人读书的观感与心态，二人藏书版本优劣高下的比较。

还有一件胡适与珍本的因缘。那是珍珠港事件前夕，北平图书馆有数百部善本书被运到华盛顿委托美国国会图书馆代为保存。美国国会图书馆认为此事非同小可，必须十分重视。所以，这批珍本运至国会图书馆开箱时，美国国务院和国会图书馆的馆长邀请中国驻美国大使胡适及大员同去查看。没想到，胡适是个"书痴"，一见那么多善本琳琅满目，照人眼目，他竟坐在地上，旁若无人地看起书来。这一看竟然看了一个多小时，急得那些大员、图书馆馆长及其他人员坐立不安，无所适从。到后来，胡适才幡然猛醒自己的角色，他不是来读书的，而是来检查书的。胡适不得已从书库里出来，手里提着上衣，满脸笑嘻嘻的。胡适这件事在大使的圈子里被认为是"有失身份"，但因为胡适是个学者，又酷好书籍，加上他的不以为然与毫不在乎，所以胡适这件奇特的事一时被人们传为美谈。

读书的兴趣与耐心

　　著名作家林语堂曾写过一篇《读书的艺术》，对读书进行了全面而富有个性的评说。其中他的一个观点就是认为，文化史上被人传为美谈的"头悬梁""锥刺股"读书方法真是无稽之谈！"这种人已完全丧失了读书快乐的感觉"，"凡是有所成就的读书人决不懂什么叫着'勤研'或'苦读'"，"他们只知道爱好一本书，而不知其然的读下去"。

　　这里，林语堂强调"兴趣"对读书的重要性，由此观之，如果从刻苦这一精神的角度来看，"头悬梁""锥刺股"之读书法是有益处的，就好像"愚公移山"的寓言给人的启发一样。但现实来看，尤其站在读书本质的角度来看，用"头悬梁""锥刺股"的方法读书确实显得荒唐可笑。世上没有一件成功的事情不是建立在兴趣基础上，离开兴趣，一切成功都无从谈起，读书更是如此。

胡适也是一个注重兴趣的人，他曾在美国留学的青年时写下《记兴趣》一篇日记。日记中记下了胡适读《外观报》上有篇谈兴趣重要性的文章，文中有"人生能有所成就，其所建树，对于一己及社会皆有真价值者，果何以致此耶？无他，以其对于所择事业具深挚之兴趣"，"富兰克林幼时，父令习造烛，非所喜也；后令习印书，亦非所喜也；惟以印书之肆易得书，得书乃大喜，日夜窃读之。十六岁即不喜肉荤，欲节费买书也"，"是故为父母者，宜视其子女兴趣所在以为择业之指南，又宜于子女幼时，随其趋向所在，培植其兴趣，否则削足适履，不惟无成，且为世界社会失一有用之才，滋可惜也"之类的言论。

在六十八岁时，胡适还写了一篇《跟着兴趣走》，其核心是谈职业选择的。胡适在文中写道："在定主意的时候，便要依着自我的兴趣了——即性之所近，力之所能。我的兴趣在什么地方？与我性质相近的是什么？问我能做什么？对什么感兴趣？"

胡适在读书的过程中，常常凭兴趣而读，读书驳杂，不以时限，有时兴致所至常至深夜，必读完而后快。如胡适曾说他"读李慈铭的《日记》，很有趣味"，"启明译的这些小诗，真可爱"。如胡适说他读威斯顿的《杯盘的面包》时说，此书"以今宗教问题为主脑，写耶教最近之趋向，畅快淋漓，读之不忍释手，盖晚近之最有力者也"。胡适读毛莱的《姑息论》也是"读之不忍释手，至晨二时半始毕"。又如1953年2月12日，胡适在《小学集解》的首页后面写了这样的话："我七八岁时读《小学》，能背诵全书，今年六十二岁，今夜一气看完这六卷书。"可见，在胡适的读书生活中，兴趣是多么重要，他几乎到废寝忘食的程度。

需要说明的是，胡适并不像林语堂那样只凭兴趣读书，有时对自己读不下去的书，他常常强迫自己读下去，这也可能与他读书"一本读完才能读另一本"的喜好有关。所以，他有时还强调读书的耐心。如胡适在1915年7月10日的日记中写道："连日读托尔斯泰所著小说《安娜传》（现多译为《安娜·卡列尼娜》）。此书为托氏名著。其书结构颇似《石头记》，布局命意都有相似处，唯《石头记》稍不如此书之逼真耳。《安娜传》甚不易读；其所写皆家庭及社会纤细琐事，至千二百页之多，非有耐心，不能终卷。"又如，胡适在1915年7月23日的日记中写道："连日读《墨子·经上》《经说·上》《小取》三篇，又读《公孙龙子》三篇，极艰苦，然有心得不少。"看来，胡适读书有时是为读而读，强迫自己读已经不愿意读的书，并从中获益匪浅。某种程度上说，胡适认为读书不仅仅是靠兴趣，有时也需要耐心，换言之，有时读书也是考验读书者是否有恒心、有毅力的手段。

对中国现代著名作家的评说

　　胡适作为中国现代新文化和新文学的开拓者之一，有着相当重要的地位，加上他为人正派、平易近人，所以许多人都愿意与胡适交往，希望能得到他的指教。中国现代作家尤其是这样。每当作品出版，一些作家总是将书赠送给胡适。

　　胡适对中国现代许多作家都有评价，而且他往往直言不讳，见解也与众不同。

　　1921年，胡适读了《小说月报》第七期上论创作的文章，非常不满，并将此事告予与郑振铎和茅盾。胡适劝告他们选文要慎重，不可太随意。创作并不是随便说说，而是需要有生活体验，否则就难免空泛。胡适还希望茅盾不要滥唱"新浪漫主义"，认为新浪漫主义必须有深厚的写实主义为根基，否则极易流入空虚。看来，茅盾现实主义的创作风格之形成不能不说与此时胡适的劝告多少有些关系。1930年，胡适读茅盾的小说《虹》，认为此书前半部分还不坏，而后半部分梅女士到上海的演变则显突兀，不能令人信服。至于见解，胡适直言"作者的见地似仍不甚高"，并建议"此书未写完，不宜骤出版"①。对茅盾后来的《幻灭》，胡适也提出严厉的批评，认为"此篇浅薄幼稚，令人大失望"②。另外，胡适肯定茅盾的《动摇》结构稍好，而否定其《追求》，认为"《追求》甚劣"。胡适对茅盾小说的评价甚低，或许仅是他一人的意见，其中也未必全对，但认真思考还是会受些启发的。

对陈梦家的诗，胡适评价较高。他认为《梦家诗集》时有不少好诗，小诗有很好的，长诗胡适最赞赏的是《都市的颂歌》。胡适夸奖陈梦家"有绝高天才。他的爽快流利处胜似志摩"，"此君我未见过，但知道他很年轻，有大成绩，令人大乐观"③。当然，胡适也指出陈梦家有些诗有不易懂的毛病。

对徐志摩，胡适比较佩服。他对徐志摩的四百行长诗《爱的灵感》较为推崇，认为它是一篇杰作。即使对这首名作，胡适也不一概肯定，而是对其音节上的毛病进行了改正，"此诗承他的美意，献给我，我无以为报，只能修改几

①②③《胡适日记》。

个字谢谢他"①。

胡适充分肯定康白情的诗集《草儿》，说它"不能不算是一部最重要的创作了"②。至于康白情《草儿》之魅力，胡适认为有三点值得注意：一是大胆的创造力，二是新鲜的味儿，三是很可爱。在胡适看来，中国诗界尽管有了长足的发展，但旧诗的影响和传统观念的束缚都难以即刻清除，所以很多人的诗如缠脚一样放不开，白情的诗在此时无疑有着相当大的意义。

与康白情相比，胡适觉得俞平伯的诗受旧诗的影响就较大，且有时离诗较远，过于追求哲理性，他更是直言道："平伯最长于描写，但他偏喜欢说理；他本可以作好诗，只因为他想兼做哲学家，所以越说越不明白，反叫他的好诗被他的哲理埋没了。"③

汪静之的《蕙的风》是胡适很喜欢的，甚至专门为其写序。当时，评论界对《蕙的风》中大量的感情露骨描写很不满，认为不道德有淫秽之嫌。而胡适却独具慧眼，指出道德的可变性。胡适这样说，汪静之的诗的独特之处有二：一是解放。在作旧诗的人难脱窠臼时，一些少年诗人出现了，而"静之就是这些少年诗人之中的最有希望一个"④。二是境

---

① 《胡适日记》。
②③④ 《胡适文存》（二）。

界。胡适认为，诗的境界有浅入浅出者、深入深出者、深入浅出者三层，而第三种为最上。汪静之诗就是经由了这三个阶段而进到"深入浅出"这一层面的。

胡适也曾肯定许地山的小说，但对其编的国语文法书多有批评之言，"凡是我的学生编的，都还有比较可取之处，余许地山的书，竟是错误连篇；此人小说并不坏，不知何以如此"①。

对赵景琛，胡适曾写道："看赵景琛《小说闲话》《读曲随笔》二书，均不佳。但其中《元曲时代先后考》一篇颇好。"

陈铨的《中德文学研究》，胡适认为"此书甚劣"，并毫不客气地批评道："吴宓的得意学生竟如此不中用！""真不知何以荒诞如此！"②胡适之所以如此不满意，主要是因为书中错误很多，且多是常识错误。比如，陈铨把《西游记》的作者说成是邱长春，并将邱长春生卒年记错了六十年。陈铨还把《聊斋志异》的作者说成是山东磁州人，生于1622年（实际是1640年）。

对于郭沫若的《女神》，胡适曾在1923年10月13日的日记中写道："沫若邀吃饭，有田汉、成仿吾、何公敢、志摩共七人，沫若劝酒甚殷勤，我因为他们和我和解之后这是

---

① 《胡适日记》。
② 《胡适日记》，1937年2月19日。

第一次杯酒相见，故勉强破戒，喝酒不少，几乎醉了。是夜沫若、志摩、田汉都醉了。我说起我从前要评《女神》，曾取《女神》读五日。沫若大喜，竟抱住我，和我接吻。"后来，胡适曾对唐德刚提到郭沫若，说"郭沫若早期的新诗很不错"，而他后期的诗就"很错了"①。这里，胡适主要是总体上肯定了郭沫若《女神》的价值，可惜的是，胡适最后竟未能评论《女神》，以致于我们并不知晓在胡适眼里郭沫若这本诗集到底"不错"在何处，"很错"又在哪里。

当苏雪林给胡适写信准备批判鲁迅时，胡适则回信说："凡论一人，总须持平。爱而知其恶，恶而知其美，方是持平。鲁迅自有他的长处。如他的早年文学作品，如他的小说史研究，皆是上等工作。"②

最值得提出的是胡适对曹禺的看法。当曹禺的《雷雨》和《日出》出版后，杨振声将此二书赠给胡适。胡适读后，觉得《日出》很好，而"《雷雨》实不成个东西。《雷雨》的自序的态度很不好"③。《雷雨》如何不好呢？胡适认为，此作显然受易卜生和奥尼尔的太深影响，其中的人物都是外国式的，而不是中国式的，作品中的事情也不是中国式的。而《日出》的优点在比较重情理，比较有力。当然，胡

---

① 唐德刚：《胡适杂忆》，第119页。
② 《胡适来往书信集》（中），中华书局1979年版，第339页。
③ 《胡适日记》。

适也指出书中仍有不近情理的地方。比如"小东西"，金八早对她有意奸淫，但作品却写她被卖到妓院时因太小，接不着客，这就是矛盾的地方，很不合情理。作品中的胡四、顾八奶奶也都不合情、不入理。

　　胡适对中国现代作家的评论有独特之处。一是看文不看人。不管作家是谁，也不论作家资历怎样，胡适都一律看待，不偏袒、不照顾，好就是好，坏就是坏。像茅盾这样地位的人，胡适对其小说基本是持否定态度的；对陈梦家甚至汪静之这样的年轻诗人胡适却给以很高的评价。再如俞平伯，他是胡适的得意门生，但胡适对他毫不留情，多有批评，这是难能可贵的。二是重真实厌空疏。胡适的名言就是"多研究些问题，少谈些主义"。所以胡适非常反感空谈，反对赶时尚。比如对茅盾的批评，对曹禺的批评，对许地山的批评，胡适都是针对其不合逻辑、不合情理、敷衍了事等方面谈的。有趣的是他对赵景琛的《小说闲话》《读曲随笔》二书均不喜欢，而唯觉得其中的《元曲时代先后考》一篇颇好。从中更可看出胡适的选择倾向与审美趣味。三是按照自己的审美方式来评价。胡适读书和批评的一个重要特点是不人云亦云，他不因别人的称许而称许，也不因别人的反对而反对，而是说自己的话。比如，曹禺的《雷雨》曾轰动文坛，备受人们喜爱，而胡适却不以为然，对其进行否定；汪静之《蕙的风》中对爱情的大胆追求今天读来不以为意，而当年在众人反对的时候，是胡适肯定其价值意义，没有独具个性的批评是不可能做到这一点的。

还需指出的是，胡适并非一个自以为是者，他对自己的诗也常有否定。比如，胡适在1923年10月13日日记中记载："沫若来谈。前夜我作的诗，有两句，我觉得不好，志摩也觉得不好，今天沫若也觉得不好。此可见我们三个人对诗的主张虽不同，然自有同处。"

与《胡铁花遗稿》相依为命

    胡铁花是胡适的父亲，他名守珊，官名传，"铁花"和"钝夫"是他的号。胡铁花生于1841年，1860年结婚，1865年进学为秀才，1868年进龙门书院。后来胡铁花多次参加举人考试，都没有考中。1881年，胡铁花开始了四方游历的生活，北至东北吉林、南至海南岛、东至台湾。1892年，胡铁花到达台湾，充任台湾巡务总巡，补授台东直隶州知州。1895年在厦门去世。

    胡铁花虽在官场游宦多年，但本质上他仍是一个文人、学者。王胜之《栩缘题跋》中称："先生治朴学，工吟咏，性乐易，无城府。兴至陈说古今，议论蠡涌，一座皆倾。体干充实，能自刻苦。"① 据罗尔纲说，《胡铁花遗稿》可

---

① 胡明：《胡适传论》，第33页。

分为年谱、文集、诗集、申禀、书启、日记共六种，约有八十万字。可见，胡适父亲并非一个普通的官僚。

　　遗憾的是，胡适并没有享受过多少父爱，还在他三岁八个月时，父亲就去世了。在胡适的内心，父亲主要还是一个影像，所能留给他的恐怕只有几件事。一是遗嘱让胡适读书。二是教会胡适几百字。三是为胡适编了《学为人诗》和《原学》等启蒙课本。四是父亲一生的结晶《胡铁花遗稿》。

　　随着时光的流逝，母亲在四十五岁时也离开了人世。此时，父亲的遗稿就成为胡适对父母永恒的纪念。因为父亲的遗稿是一大堆草稿，非常潦草，其中改动很大，有时是东涂西抹、左添右补，辨认起来十分困难。再加上时间已久，破损相当严重，更是不易分辨。胡适曾几次请人抄录父亲的遗稿，都没有成功。1930年6月起，胡适让学生罗尔纲整理父亲的遗稿，罗尔纲先细读了几天草稿，了解了他的字体，明白了他的语法，又弄清楚他将同一事件记录在不同的草稿上的情况，得到了互相核对以解决问题的方法。到1931年3月，罗尔纲才将胡铁花的遗稿整理出来。

　　1948年，胡适离开大陆时，来不及带别的书，他只随身带了两本书，一是"甲戌本"的《红楼梦》，此属"人间孤本"；二是《胡铁花遗稿》，可见父亲在他心里的分量。

　　对胡适来说，别的东西遗失了还可能找回来，至少还可以补偿，而父亲的遗稿则不然。父亲在胡适的心目中是一个铁骨铮铮的汉子，母亲最佩服的就是父亲，所以父亲去世后，胡适的母亲每天早晨教育他的时候总是让他以父亲为榜样，将来做一个他父亲那样堂堂正正的男子汉。母亲去世前把父亲的遗稿看得比自己的生命还重要，胡适接过母亲心爱的东西，视之更为珍重。可以说，胡适将对母亲的所有思念都融进父亲的文稿之中了。

《胡铁花遗稿》是胡适生命中的至宝，因为这本书中寄托着胡适的生命中独一无二的温暖。

胡适的生日与“书”

　　胡适与书的情缘表现在多个方面，其中之一就是有的生日与书有关。

　　1926年12月17日胡适在日记中写道：“今天过生日，终日在B.M.里校读敦煌卷子，总算是一种最满意的庆祝仪式了。”生日当天，胡适却一个人在读书，并且他自己也以用读书的方式度过三十五岁生日而满足，可见，书在胡适心目中的位置。

　　1951年12月17日是胡适的生日，他写下了《生日决议案》。后来，胡适回忆，“我去年（1951年）生日，……立下决心，无论如何应在有生之日还清一生中所欠的债务。这个决心，我当私下定名《生日决议案》，决定谢绝一切长期职务来还债。我的第一笔债是《中国哲学史》，上卷出版于民国八年，出版后一个月，我的大儿出世，屈指算来已经三十三年之久了，现在我要将未完成的下卷写完，改为《中国思想史》。第二笔是《中国白话文学史》，二十五年前已经写了一半，今后必须加紧完成它。第三笔是《水经注》的考证，这个被我审讯了五年的案子，也应该判决了"①。

1952年12月17日是胡适的六十一岁生日，这一天正好也是北京大学建校五十四年，胡适在会上做了"北京大学在忧患中奋斗的历史"的演讲。最后校友代表向他献了签名祝寿的名册。

1956年，胡适过生日这一天，他"避寿到大西洋城去，为的是写两篇大文章"②。

1958年12月17日是胡适的六十七岁生日，又是北京大学校庆六十周年。在这之前，胡适特意改印罗尔纲的《师门五年记》，作为他生日对贺寿人回礼之用，"会后同学会上胡氏赠送织锦签名祝寿册两册。胡氏回赠校友每人一本《师门五年记》"③。

1960年12月17日，胡适参加了北京大学同学会庆祝北大建校六十二周年和胡适六十九岁生日聚会，他随身带来了已经发黄了的《北大五十周年纪念特刊》《北大五十周年纪念图书馆善本目录》《北大历届校友录》。

---

① 《胡适言论集》。
②③ 胡颂平：《胡适之先生年谱长编初稿》。

1961年12月14日为胡适七十岁生日前夕，他怀着感慨与怅惘写下了《儒林外史》一书中的一句话赠给友人，也是自己的座右铭。这句话是："逍遥自在，做些自己的事吧！"此次生日是胡适的最后一个生日，从心境上看，此时的胡适已没有三十五岁生日时的轻松满足，而是很有一种时不我待的感觉。在经过了一生的风雨漂泊之后，胡适明白了自己真正应该做的是什么。在生命的黄昏，胡适还有许多工作未能完成，他自己称之为欠下的债。1958年1月11日，胡适曾写信给陈之藩，"我的打算回去，是因为我今年六十六岁了。应该安定下来，得胜南港史语所的藏书，把几部未完成的书写出来"。胡适还曾对胡颂平说："假定我还有十年的工作时间，我要刻苦把必要的东西写出来。"①

---

① 胡明：《胡适传论》（下），第1024页。

主要参考文献

［1］胡适.胡适文存［M］.合肥：黄山书社，1996.

［2］胡明.胡适传论［M］.北京：人民文学出版社，1997.

［3］侯建主编.胡适名作欣赏［G］.北京：中国和平出版社，1998.

［4］李敖.胡适研究［M］.北京：中国友谊出版社，2006.

［5］罗志田.再造文明的尝试：胡适传（1891—1929）［M］.北京：中华书局，2006.

［6］唐德刚.胡适口述自传［M］.桂林：广西师范大学出版社，2009.

［7］耿云志.重新发现胡适［M］.北京：外语教学与研究出版社，2011.

［8］胡适.胡适自传［M］.北京：人民文学出版社，
2013.

［9］梁启超.饮冰室合集［M］.北京：中华书局，1989.

［10］北京鲁迅博物馆鲁迅研究室编.鲁迅藏书研究
［G］.北京：中国文联出版社，1991.

［11］梁实秋.雅舍小品［M］.上海：上海人民出版
社，1995.

［12］施蛰存.唐诗百话［M］.上海：上海古籍出版
社，1988.

［13］孙宝义等编.毛泽东的读书人生［G］.北京：中
央文献出版社，2006.

［14］［美］艾德勒，范多伦.如何阅读一本书［M］.
郝明义，朱衣译.北京：商务印书馆，2004.

［15］［新西兰］费希尔.阅读的历史［M］.李瑞林等
译.北京：商务印书馆，2009.

［16］钟叔河编.知堂书话［G］.北京：中国人民大学
出版社，2004.

后　记

　　这本书写于一个夏天，当时天气炎炎，一颗心总是紧紧的、惴惴的。此时北京已被一种迷人的气氛包裹，阳光温和慈祥，树叶平静悠闲，花草明媚清香。

　　应该说，这是一本比较专门的书，当时写它主要出于对书的喜欢。一提到书，心中就会漾出一种温馨的感觉，它的形状、色彩、纸质、题字、插图，以及书中的思想、感情、趣味就会像磁石一样吸引我，何况是写中国新文学先驱胡适的读书生活呢？

　　完成这本书后，完全出乎我的预想，它竟给了我深深的震动，令我的心情久久难以平静。

　　一是博览。胡适并不将读书限于自己的哲学专业，而是广收博积，文学、历史、宗教等他都有涉猎。仅就文学而言，古今中外几乎每一个领域胡适都充满浓厚的兴趣。书籍成为胡适取得巨大成就的基石。与胡适对比，我们又读过多少书呢？不要说读大学前为应付高考的死记硬背，就是进了大学也没有养成读书的兴趣，而是以学习各门课程为主。后来，在研究生期间读的书也少得可怜，有时也是为了写论文而读书。古人云，读万卷书，行万里路。而我们胸中又有几卷书呢？胸无点墨如何能描绘美妙绝伦的图画呢？坦然说，认真研究胡适为普通学生开列的国学读书书目后，我真羞愧，作为一名博士，这个书目上的书我真正读过的只有几本。抛开教育体制，抛开这个世纪的文化传统，我们自己应该好好反省一下。

二是精深。胡适几乎在他从事的每一个领域都取得巨大的成就，像哲学研究、《红楼梦》研究、《水经注》研究他都是开一代风气。这里很重要的原因是他读书的精细与深入。有的书，他竟能一生在手，反复诵读；也有的书，他竟能研究十七年之久。我们现在读书往往过于功利，过于消遣，过于草率，书翻过不少，但往往走马观花，食而不知其味。胡适的眼到、口到、手到、脑到、心到，这是读书的秘诀。

但不管怎么说，读书，关键在兴趣。一卷在手，心旷神怡，寝可废，食可忘，静中可读，闹中亦可读。到了一定程度，喜欢读书还容易发展成乐于买书，乐于藏书。

值得提及的是，本书写作过程中，胡明先生的《胡适传论》给我帮助最大，在此深表谢意！还有，我从罗尔纲、沈卫威、唐德刚等先生著作中受益匪浅，在此一并致谢！

党圣元先生为本书付出不少的心血，也是通过这本书结识了他。愿此书记下我们的友谊。

王兆胜